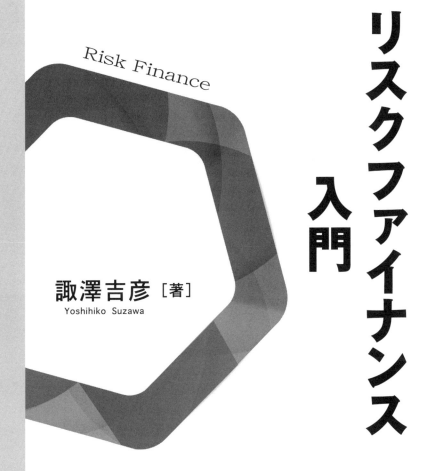

Risk Finance

リスクファイナンス入門

諏澤吉彦 [著]
Yoshihiko Suzawa

中央経済社

はじめに

　リスクマネジメントは，リスクに適切に対処することにより，個人にとっては効用を，企業・組織にとっては価値向上を目指す活動，またはそのための方法のことです。そのなかでリスクファイナンスは，リスクに金銭的に対処することを指します。従来の企業・組織のリスクファイナンスでは，人身損失・財物損失といった純粋リスクに保険によりいかに対処するかが，重要な課題でした。しかし現在，企業・組織は，商品価格，為替レートおよび金利の変動を含む価格リスクや，ステークホルダーの信用リスクなど多様なリスクにさらされると同時に，これらに対処するための方法も，先物やオプション，カタストロフィボンド，天候デリバティブ，キャプティブなどと，極めて多様化しています。企業・組織がリスクファイナンスにより価値向上を目指すためには，これらの方法を適切に選択，コーディネートし，実行していくことが求められます。本書は，このような企業・組織リスクファイナンスの現状に合わせ，様々なリスクファイナンスの活動や方法を体系的に分類し，その構造と機能と明らかにし，企業・組織経営がリスクファイナンスを適切に実行するための理論的知識と実践的技能を解説するものです。

　本書は，大きく3つの部分により構成されています。第Ⅰ部には第1章および第2章が含まれます。第1章では，企業・組織にとってのリスクとは何かを明確にし，そのうえで純粋リスク，価格リスクおよび信用リスクといったリスクの種類と特徴を分析します。第2章においては，企業・組織リスクマネジメントの全体的体系と，そのなかにおけるリスクファイナンスの位置づけを理解していきます。また，リスクファイナンスが大きくリスク移転とリスク保有に分類され，前者がさらに保険，ヘッジ，代替リスク移転，免責と補償の合意に分類されることを見ていきます。

　第3章から第9章により構成される第Ⅱ部では，リスクファイナンスを中心

はじめに

に，それに含まれる活動や方法をつぶさに見ていきます。第3章から第8章は，そのうちのリスク移転を取り上げます。とくに第3章から第5章は，最も広く利用されている保険に焦点を当て，第3章ではその契約構造とリスク移転の機能，そして主な保険の種類と対象リスクを見ていきます。第4章では，保険の価格である保険料の経済分析を行うとともに，保険市場の情報不完全性とそれに起因する諸問題を明らかにします。第5章では，情報不完全性を緩和するために，実際の保険市場にどのような仕組みが設けられているのかを理解します。つづく第6章では，価格リスクに対処するための方法であるヘッジを取り上げ，それに含まれる先渡し，先物，オプションおよびスワップといった金融派生商品の契約構造とリスク移転機能を見ていきます。第7章では，近年利用されるようになった新たなリスク移転として，カタストロフィボンドなどの代替リスク移転，そして様々な契約に盛り込まれるリスク移転の要素である免責・補償の合意の仕組みについて理解していきます。第8章はリスク移転と並ぶリスクファイナンスのもう一つの活動であるリスク保有について，キャプティブやファイナイトリスクを取り上げ分析します。第9章は，企業・組織がリスクファイナンスとともに実行すべき内部リスク縮小とリスクコントロールを取り上げます。

第10章から第13章により構成される第Ⅲ部では，企業・組織のリスクファイナンスのプロセスを理解していきます。第10章では，プロセスの全体像と，その第一段階であるリスクエクスポージャの認識について取り上げます。つづく第11章では，リスクを計量化するための様々な指標と，それらをどのように意思決定に役立てるのかを理解していきます。そして第12章では，リスクファイナンスの選択と実行の際に考慮すべき，リスクファイナンスの便益と費用について理解していきます。第13章では，リスクファイナンスが，その最終的な目的である企業・組織価値の向上にどのように貢献するのかを分析します。

企業・組織にとっても，個人・家計にとっても，保険，リスクファイナンス，そしてリスクマネジメントの実態は，日々大きく変化しています。本書は，企業・組織経営の視点から，保険とともに多様なリスクファイナンスを，価値向

はじめに

上を目的としたものとして共通の視点から分析し，最新の状況に基づいて再整理を試みたものですが，激しい変化の実態を捉えるための基礎となる理論を常に意識し，立ち返りながら論じることを心がけました。リスクファイナンス，そしてリスクマネジメントに関する企業・組織の実務においても，大学・大学院における教育と研究においても，役立てていただくことを，望んでいます。

2018年9月

諏澤　吉彦

目　次

はじめに

第Ⅰ部　リスクとリスクファイナンス

第1章　リスク———3

1. 個人と企業・組織にとってのリスクの意味……4
   - (1) 個人にとってのリスク　4
   - (2) 企業・組織にとってのリスク　4
2. 純粋リスク……6
   - (1) 人身損失リスク　6
   - (2) 財物損失リスク　7
   - (3) 賠償責任損失リスク　7
3. 価格リスク……8
   - (1) 商品価格リスク　8
   - (2) 為替リスク　9
   - (3) 金利リスク　11
4. 信用リスク……12
   - (1) 債券保有に伴う信用リスク　12
   - (2) 売買取引に伴う信用リスク　13
   - (3) 金融取引に伴う信用リスク　14
5. まとめ……16

第2章　リスクマネジメントとリスクファイナンス———19

1. リスクマネジメントの成り立ち……20
   - (1) 保険マネジメントからリスクマネジメントへ　20

目次

　　　（2）　ファイナンス諸理論からの影響　20
　2．リスクマネジメントの体系……22
　　　（1）　リスクファイナンス　22
　　　（2）　内部リスク縮小　22
　　　（3）　リスクコントロール　22
　3．リスクファイナンスの概要……23
　　　（1）　リスク移転　23
　　　（2）　リスク保有　27
　4．内部リスク縮小の概要……28
　　　（1）　リスク分散　28
　　　（2）　情報投資　29
　5．リスクコントロールの概要……29
　　　（1）　損失回避　30
　　　（2）　損失縮小　30
　　　（3）　損失回避・縮小の機能を有するリスクコントロール　31
　6．まとめ……32

第Ⅱ部　リスクファイナンスの種類と機能

第3章　保険の機能と種類 ―――――― 35

　1．保険の構造と機能……36
　　　（1）　保険契約の構造　36
　　　（2）　保険のリスク移転機能　37
　2．公的保険の特徴……39
　　　（1）　生活保障としての公的保険　39
　　　（2）　公的保険の所得再分配機能　39

3. 人身損失リスクと私的保険……41
   (1) 生命保険　41
   (2) 傷害疾病保険　43
   (3) 損害保険　44
4. 財物損失・賠償責任損失リスクと私的保険……45
   (1) 火災保険　45
   (2) 地震保険　46
   (3) 自賠責保険　47
   (4) 自動車保険　47
   (5) 賠償責任保険　48
5. まとめ……50

第4章 保険の価格と保険市場 ― 51

1. 保険の価格……52
   (1) 保険における価値循環の転倒性　52
   (2) 保険料の算出　52
   (3) 保険料の公正価格　53
2. 保険市場の情報不完全性……56
   (1) 保険会社の支払能力に関する情報　56
   (2) 保険の価格に関する情報の不完全性　58
   (3) リスクエクスポージャの実態に関する情報の不完全性　59
3. 公的保険の情報不完全性への対処……61
   (1) 保険者の支払能力の確保　61
   (2) 適正な保険料水準と保険料体系の確保　63
   (3) 逆選択とモラルハザードの緩和　63
   (4) 公的保険の限界と私的保険の必要性　63
4. まとめ……64

目次

第5章 保険市場の情報補完 — 67

1. 保険会社の支払能力の確保……68
   - (1) 財務規制 *68*
   - (2) 保険料率規制 *69*
   - (3) 保険契約者保護制度 *70*
   - (4) 保険会社の格付け情報 *71*
   - (5) 再保険取引 *72*
2. 適正な保険料水準と保険料体系の確保……*73*
   - (1) 保険料率規制による保険料水準に関する情報補完 *73*
   - (2) 保険料率規制による保険料体系に関する情報補完 *74*
3. 逆選択とモラルハザードの緩和……*76*
   - (1) アンダーライティング *76*
   - (2) リスク細分化 *76*
   - (3) 経験料率 *77*
   - (4) コインシュアランスと控除免責金額 *78*
   - (5) リスクコントロール・サービス *78*
4. まとめ……*80*

第6章 ヘッジ — 83

1. 先渡し……*84*
   - (1) 先渡し契約の構造 *84*
   - (2) 先渡しの価格リスク移転機能 *84*
2. 先物……*86*
   - (1) 先物契約の構造 *86*
   - (2) 先物の価格リスク移転機能 *87*
3. オプション……*90*

(1)　オプション契約の構造　*90*

　　　(2)　オプションの価格リスク移転機能　*91*

　4.　スワップ……*94*

　　　(1)　スワップ契約の構造　*94*

　　　(2)　スワップ契約の価格リスク移転機能　*94*

　5.　まとめ……*96*

第7章　代替リスク移転と免責・補償の合意 —— *99*

　1.　代替リスク移転……*100*

　　　(1)　カタストロフィボンド　*100*

　　　(2)　天候デリバティブ　*103*

　2.　免責・補償の合意……*108*

　　　(1)　免責の合意　*108*

　　　(2)　補償の合意　*109*

　　　(3)　免責と補償の合意のリスク移転者とリスク引受者　*110*

　3.　まとめ……*112*

第8章　リスク保有 —— *115*

　1.　自家保険……*116*

　　　(1)　自家保険の仕組み　*116*

　　　(2)　自家保険の限界　*116*

　2.　キャプティブ……*117*

　　　(1)　キャプティブの仕組み　*117*

　　　(2)　キャプティブの利点　*118*

　　　(3)　キャプティブの留意点　*119*

　3.　ファイナイトリスク……*120*

目　次

　　　　　(1)　ファイナイトリスクの仕組み　*120*
　　　　　(2)　ファイナイトリスクのキャッシュフロー平準化機能　*121*
　　4.　コミットメントライン……*125*
　　　　　(1)　コミットメントラインの仕組み　*125*
　　　　　(2)　コミットメントラインの利点　*126*
　　　　　(3)　コンティンジェントデット　*126*
　　5.　まとめ……*128*

第9章　内部リスク縮小とリスクコントロール ── *131*

　　1.　内部リスク縮小……*132*
　　　　　(1)　リスク分散　*132*
　　　　　(2)　大数の法則と中心極限定理　*134*
　　　　　(3)　リスク分散とポートフォリオ管理　*135*
　　　　　(4)　情報投資　*139*
　　2.　リスクコントロール……*141*
　　　　　(1)　損失回避と損失縮小　*141*
　　　　　(2)　リスクコントロールの便益と費用　*142*
　　3.　まとめ……*144*

第Ⅲ部　リスクファイナンスのプロセス

第10章　リスクエクスポージャの認識 ── *149*

　　1.　リスクファイナンスのプロセス……*150*
　　2.　純粋リスクエクスポージャの認識……*151*
　　　　　(1)　人身損失エクスポージャ　*152*

(2)　財物損失エクスポージャ　*153*

　　　(3)　賠償責任損失エクスポージャ　*155*

　3.　価格リスクエクスポージャの認識……*157*

　4.　信用リスクエクスポージャの認識……*160*

　5.　まとめ……*162*

第11章　リスクの測定　―――――――――― *165*

　1.　リターンの測定……*166*

　　　(1)　加重平均　*166*

　　　(2)　最頻値と中央値　*168*

　2.　リターンの変動性の測定……*169*

　　　(1)　ヒストグラムから見た期待値の変動性　*169*

　　　(2)　分散　*170*

　　　(3)　標準偏差　*171*

　　　(4)　予想最大損失とバリュー・アット・リスク　*173*

　3.　相関とポートフォリオ管理……*175*

　　　(1)　共分散　*175*

　　　(2)　相関係数　*176*

　4.　まとめ……*178*

第12章　リスクファイナンスの選択と実行　――――― *181*

　1.　リスクマップに基づくリスクファイナンスの選択……*182*

　　　(1)　低頻度・低強度のリスクエクスポージャ　*183*

　　　(2)　低頻度・高強度のリスクエクスポージャ　*183*

　　　(3)　高頻度・高強度のリスクエクスポージャ　*184*

　　　(4)　高頻度・低強度のリスクエクスポージャ　*184*

目 次

  2. 期待損益とその変動性に基づくリスクファイナンスの選択……*184*
   (1) 期待損益に基づくリスクファイナンスの選択　*185*
   (2) 期待損益の変動性に基づくリスクファイナンスの選択　*186*
  3. リスクファイナンスの実行……*187*
   (1) リスク移転の便益　*188*
   (2) リスク移転の費用　*188*
   (3) リスク保有の便益　*191*
   (4) リスク保有の費用　*192*
  4. リスクファイナンスのアレンジメント……*193*
  5. まとめ……*194*

第13章　価値最大化のためのリスクファイナンス ― *197*

  1. 企業・組織の価値とリスクファイナンスの費用……*198*
   (1) ステークホルダーと企業・組織価値　*198*
   (2) リスクファイナンスの費用と企業・組織価値　*198*
  2. 分散化したステークホルダーと企業・組織価値……*199*
   (1) リスク分散によるリスク縮小　*199*
   (2) 株主と企業・組織価値　*199*
  3. 契約の集合体としての企業・組織……*200*
   (1) リスク分散とリスクファイナンスとの逆説的関係　*200*
   (2) リスクコスト　*200*
  4. リスクコストの構成要素……*202*
   (1) ステークホルダーに対するリスクプレミアム　*202*
   (2) 法人税支払額　*203*
   (3) 資金調達費用　*204*
   (4) 内部リスク縮小の費用　*206*

(5) リスクコントロールの費用　*207*
5. まとめ……*209*

『確認と議論』解説　*211*
索　　引　*225*

第I部

リスクとリスクファイナンス

第1章 リスク

　企業，そして非営利団体を含む様々な組織は，事業活動を行うなかで様々な不確実性に直面している。従業員の傷害・疾病・退職，保有する工場などの建物とその収容物としての什器や製品の損壊・滅失，そして顧客などからの賠償責任の負担は，いつどのくらいの規模で起きるか不確実である。また，原材料価格の変動，取引相手方の支払不能なども予測困難である。将来キャッシュフローに影響を及ぼすこれらの不確実性は，企業・組織にとって重大なリスク要素である。そして企業・組織がリスクファイナンスにより，これらのリスクに適切に対処するためには，自らがどのようなリスクにさらされ，それらがどのような性質を持っているのかを理解する必要がある。本章では，企業・組織にとってのリスクとは何か，それにはどのような種類があるのかについて，リスクと不可分の関係にあるリターンとともに，分析していく。

KEY WORD

リスク　効用　将来キャッシュフロー　リターン
企業・組織価値　純粋リスク　人身損失リスク
財物損失リスク　賠償責任損失リスク　価格リスク
投入価格　産出価格　商品価格リスク　為替リスク
金利リスク　信用リスク　支払遅延　支払不能
債券格付け機関　預金保険制度　保険契約者保護制度

第Ⅰ部　リスクとリスクファイナンス

1．個人と企業・組織にとってのリスクの意味

(1)　個人にとってのリスク

　リスクという言葉は，どのように使われているだろうか。われわれ個人は，生活するなかで，傷害を負ったり，疾病になったり，失業したり，災害および事故などに不幸にして遭遇することがある。これらの不都合な事態の原因となる事象を，しばしばリスクと呼んでいる。このことをより一般化すれば，個人にとってのリスクは，何らかの原因で自らの**効用**が低下することに関係している。効用は，個人の満足の度合いを示す経済学の概念であるが，これを低下させる原因には，財産の予期せぬ減少はもちろん，健康状態の低下や社会的関係性や役割の変化など，多様な事象が含まれる。さらに，それらの要因は各個人により異なり，また時間経過とともに変化し得るものである。このため厳密で一貫したリスクの定義づけは，難しいかもしれない。

(2)　企業・組織にとってのリスク

　いっぽう，企業・組織にとってのリスクはどのように捉えることができるだろうか。最初に述べたように，企業・組織は，その事業を行うことで必然的に様々なリスクに直面している。われわれがリスクと呼んでいる財物損失や人身損失，原材料価格の変動や取引相手方の支払不能などの事象は，これらを原因として企業・組織の**将来キャッシュフロー**が予期せず減少したり，変動性が増すことに関係している。キャッシュフローは，金銭の受取額すなわちキャッシュインフローと，その支払額であるキャッシュアウトフローとの差額である。たとえば，工場の火災は修繕・建替えのための費用負担，従業員の退職は退職金支払い，原材料費の高騰は追加的購入代金の支払いというキャッシュアウトフローの増加の要因となる。また，先に商品・サービスを納入した顧客の財務困難は売掛金の回収不能により，キャッシュインフローの減少の要因となる。

　このような将来キャッシュフローは，企業・組織がその事業への投資活動からの**リターン**として捉えることができる。一般に投資活動からのリターンは，

第1章　リスク

正の値となることが期待されるが，企業・組織の将来キャッシュフローとしてのリターンは負の値にもなり，それは損失として捉えられる。本書をとおして繰り返し分析していくように，リターンが減少したり，負の値となれば，その結果として**企業・組織価値**が低下することになる。このように企業・組織にとってのリスクは，予期しないリターンの減少として捉えることができる。

　また，先に挙げた原材料価格の変動についてさらに分析してみたい。原材料価格の上昇は，キャッシュアウトフローの増加によりリターンを減少させることはすでに述べた。いっぽう原材料価格が低下した場合は，その購入のためのキャッシュアウトフローは減少し，リターンは増加する。このため，価格が同じ額だけ上昇したり低下したりすることを繰り返せば，多期間で平準化すればリターンが減少することはなく企業・組織価値への影響もないように見える。しかしこのような価格変動が予期せず起きる場合，企業・組織は常に起こり得る最悪の事態に備えなければならず，それでもなお原材料購入資金が不足する事態となるかもしれない。このようにリターンの変動性が拡大した場合にも，後に分析するように，企業・組織価値の低下につながる。このことから，企業・組織にとってのリスクは，予期しないリターンの変動性の拡大であると見ることができる。

　以上の分析から企業・組織にとってのリスクの意味を整理すれば，**図表１－１**のとおりとなる。リスクは，一つには，将来キャッシュフローの予期しない減少，すなわち将来のキャッシュインフローとキャッシュアウトフローの差額であるリターンの減少を意味する。リスクのもう一つの意味は，将来キャッシュフローとしてのリターンの変動性の予期しない拡大である。そしてこれら

図表１－１　企業・組織にとってのリスク

リスク	将来キャッシュフローの予期しない減少：リターンの低下
	将来キャッシュフローの変動性の予期しない拡大：リターンの変動性の拡大

5

は、いずれも企業・組織価値の低下につながるものである。企業・組織がリスクファイナンスを行うためには、リスクの大小関係を直感的に判断するのではなく、それを量的に把握して意思決定の材料としていかなければならない。リスクを量的に測定するためには、確率・統計の知識が不可欠であるが、これについては、第11章において詳しく述べることとし、次節以降では、企業・組織が直面するリスクにはどのような種類があるのかを、純粋リスク、価格リスク、そして信用リスクに分けて見ていく。

2．純粋リスク

(1) 人身損失リスク

　リスクの一つ目の意味であるリターンの予期しない減少をもたらすリスクは、**純粋リスク**と呼ばれる。純粋リスクには、どのようなものがあるだろうか。企業・組織が事業活動を行ううえで重要な資源が、人的資源である。経営者自身と従業員を含むあらゆる人的資源は、製造業、流通業や金融業、医療、教育はもちろん、情報・通信産業をはじめとする現代経済を支えるあらゆる産業にとっても不可欠な経営資源として、その重要度は増している。しかし、人的資源も様々な原因で損なわれることがある。たとえば業務に関係して傷害を負ったり、疾病にかかったり、後遺障害になることもあるだろう。また、業務にかかわらず予期せぬ傷害や疾病などにより休業せざるを得ない場合もある。さらに死亡や老齢により退職することもある。これらの事態となれば、企業・組織は、雇用契約上の福利厚生の一環としても、労働者災害保険などの公的諸制度によっても、各種給付金や退職金などを支払う必要がある。さらに、人的資源にこれらの事故が発生すれば、企業・組織は重要な労働力を一時的あるは恒久的に失うことになる。このために生じる利益の減少分、そして新たな人材を確保するための新規採用や教育にかかる費用も、大きなキャッシュアウトフローにつながる。このように人的資源が損なわれることにより損失を被るおそれがある状態は、**人身損失リスク**と呼ばれる。

(2) 財物損失リスク

　企業・組織にとって人的資源とともに重要な経営資源が，事務所，工場，倉庫，店舗などの財物資源である。多くの企業・組織は，これらの様々な財物を利用して事業活動を行っている。これらの建物や収容物は，火災，洪水や暴風雨などの風水災，地震，さらには盗難や暴動，テロリズムなどによって破壊されたり，奪われたりすることもある。企業・組織は，事業活動を再開するために，損失を被った建物や収容物を修理，修繕したり，買い換えなければならないばかりでなく，復旧の間，本来であれば得られたであろう利益を失うことになる。このように企業・組織の所有する財物に何らかの事故が発生すると，それを原因として損失を被るおそれがある状態を**財物損失リスク**といい，これも純粋リスクに含まれる。

(3) 賠償責任損失リスク

　企業・組織は事業を行ううえで，直接，間接の利害関係を持つ当事者に対して，過失などにより損失を与えてしまうこともある。たとえば，店舗や事務所内で，原材料供給者や顧客が何らかの事故により傷害を負ったり，盗難などにより財物損失を被った場合，企業・組織は安全努力を怠ったとして，医療費や修理・買替え費用などに対して賠償金を支払わなければならない。また，企業・組織の製品に重大な欠陥があったため，顧客が傷害を負った場合は，治療費や精神的苦痛に対して賠償金を支払う必要がある。航空機や鉄道車両はもちろん，自動車や家庭電気製品も，その不具合により重大な事故につながることもあり，賠償金の金額も高額になるおそれがある。さらに工場の稼働により土壌汚染や騒音などを引き起こせば，地域住民に対して，賠償責任を負うことになる。このように賠償責任を負うことにより，賠償金というキャッシュアウトフローが生じるおそれがあることを，**賠償責任損失リスク**という。

図表1−2　企業・組織にとっての純粋リスク

性質		種類
純粋リスク　事故 ⇒ 損失	人身損失リスク	企業・組織の人的資源に損失が生じるリスク
	財物損失リスク	企業・組織が所有・管理・利用する財物資源に損失が生じるリスク
	賠償責任損失リスク	企業・組織が直接・間接の利害関係にある当事者に対して賠償責任を負うリスク

　図表1−2に示したように，純粋リスクには，人身損失リスク，財物損失リスクおよび賠償責任損失リスクが含まれ，これらは共通して，何らかの事故が発生すれば，それを原因としてキャッシュアウトフローとしての損失を被るという性質を持つことがわかる。

3．価格リスク

(1) 商品価格リスク

　リスクの二つ目の意味であった，将来キャッシュフローとしてのリターンの予期しない変動性の拡大は，主に商品価格，為替レートおよび金利の変動に伴うものであり，これらは**価格リスク**と呼ばれるものである。従業員などの人的資源，生産設備や原材料などの物的資源，情報などは，企業・組織にとって事業を行うために必要な資源であるが，これらに共通する性質は何であろうか。これらの資源は，価値を生み出すものであるいっぽうで，無尽蔵に存在し利用可能なものではない。このため，企業・組織は対価としての金銭を支払って，これらの資源を入手し利用しなければならない。すなわち事業に必要な資源は，希少資源として金銭に交換可能なものである。言い換えれば，取引のための価格が付けられるものである。同様に企業・組織が，これらの資源を利用して生産し提供する商品やサービスにも価格が付けられ，取引される。

　しかしこれらの資源や商品・サービスの価格は常に一定ではなく，日々変動

するものである。このため企業・組織は，商品・サービスの生産のための投入資源の価格すなわち**投入価格**の変動と，商品・サービスの販売のためにそれに付けられる価格すなわち**産出価格**の変動とに，常にさらされている。このように投入価格と産出価格の変動に起因して，キャッシュフローが予期せず変動するおそれがあることを，**商品価格リスク**という。たとえば，電力会社にとっては，石油や天然ガス，石炭の価格は，電力を生産するための投入価格であり，電力の価格は産出価格である。小麦の価格は，それを生産する農場経営者にとっては産出価格であるが，それを購入して小麦粉を生産する食品会社にとっては投入価格である。投入価格が上昇したり，産出価格が低下すれば，企業・組織はキャッシュアウトフローが増えたり，キャッシュインフローが減り，損失を被る可能性が高まる。反対に投入価格が低下したり，産出価格が上昇すれば，企業・組織はキャッシュアウトフローが減ったり，キャッシュインフローが増え，利益を得る場合もある。

多数の取引当事者が参加する競争的な市場においては，これらの投入価格と産出価格は，市場全体の需要と供給のバランスによって変化していくものである。また，これらの商品・サービスの価格は，過度の競争を避け市場を安定させることを目的として，規制による公的介入によって操作されることもあるかもしれない。このように，それらの購入者または販売者としての企業・組織は，価格をコントロールできる立場にない価格受容者である。このため，企業・組織は，投入価格と産出価格の変動によって，常に損失を被ったり，利益を得たりする。しかもその変動幅は不確実であり，大きな利益を得る可能性があると同時に，キャッシュフローに深刻な影響を及ぼす甚大(じんだい)な損失を被るおそれもある。

(2) **為替リスク**

商品価格の変動とならんで重要な価格リスクが為替レートの変動であり，これにより企業・組織のキャッシュフローの変動性を拡大するおそれがあることを**為替リスク**という。かつての固定為替相場制のもとでは，国際取引を行う企

第Ⅰ部　リスクとリスクファイナンス

業・組織は，自国の通貨によるキャッシュインフローとキャッシュアウトフローを事前に把握し，事業・投資計画を立てることが可能であったが，現在の変動為替相場制において為替レートは日々変動し，企業・組織は常にキャッシュフローの不確実な変動に直面している。しかも，企業・組織の事業活動，投資家の投資活動，そして個人の消費活動の国際化が進展した現在において，ほとんどの企業・組織は，直接的または間接的に国際取引を行っている。商品の輸出入を行う商社や，原材料の輸入と製品の輸出を行ったり，海外に生産拠点を置く製品製造会社，海外の企業・組織の発行する証券に投資する金融機関，そして海外に販売拠点を持つ商品小売会社はもちろん，国内市場を主な対象とした流通業や小売業であっても，現在は海外からの顧客を無視することはできない。

　為替レートが変動することにより，これらの企業・組織のキャッシュフローは直接影響を受けることになる。たとえば，輸入に原材料を依存していたり，海外の生産拠点の製品を国内で販売する製品製造企業や，海外製品を輸入し国内で販売する商社にとって，海外現地通貨に対して円高となれば，原材料費，海外生産のための人件費・物件費，製品代金の円建てでの価値は引き下げられ，キャッシュアウトフローが減り，利益を得られるかもしれない。反対に円安となれば，これらの費用の現地での支払額の円換算値は上昇し，キャッシュアウトフローが増えることになる。いっぽうで，国内で製造した製品を海外に輸出する製品製造企業や，国内製品を海外市場で販売する商社にとって，円高となれば，海外におけるこれらの製品の現地価格は割高となり，販売は不振に陥りキャッシュインフローが減り，損失を被るかもしれない。反対に円安となれば，国内製品の海外での現地価格は低く抑えることができ，売上を伸ばし，キャッシュインフローが増える可能性が高い。

　為替レートは，国際的経済情勢，政治・社会情勢などの変化による投資家の行動により，大きく影響を受けるものであり，企業・組織がコントロールできないことは言うまでもない。このため，為替レートの変動も企業・組織にとってそのキャッシュフローに大きな影響を及ぼす価格リスクとなっている。

(3) 金利リスク

　企業・組織のキャッシュフローは，金利水準の変動によっても影響を受けるが，このことを**金利リスク**という。金利は，貸付資金を取引するうえで課されるものであり，商品・サービスの売買取引における価格と同様の役割を担っている。すなわち，完全市場としての貸付資金市場が存在するとすれば，そこにおいて金利が引き上げられれば，資金の供給量は増えるいっぽうで，その需要量は減る。反対に金利が引き下げられれば，資金の供給量は減るが，その需要量は増える。現実の市場においては，金利水準は，その国・地域の通貨価値の安定，ひいては経済の安定を目的として，中央銀行によって政策金利をとおしてコントロールされている。たとえば，他の周辺の経済情勢，社会・政治情勢が不変であると仮定した場合，株式市場が低迷して株式会社の設備投資などへの資金調達が困難となっているような局面には，投資資金を債券市場から株式市場に呼び込むために金利水準は引き下げられる可能性が高まる。反対に，株式市場が好調で，株価の過度な高騰につながりかねないような局面では，投資資金を株式市場から債券市場に引き入れるために，金利は引き上げられることが予想される。

　このように個々の企業・組織には左右できない金利水準の変動は，そのキャッシュフローに大きく影響を及ぼす。たとえば，変動金利に基づいて社債を発行したり，銀行融資を受けている企業・組織にとって，金利引上げによりキャッシュアウトフローが増え，金利引下げはそれが減ることになる。反対に企業・組織あるいは個人に変動金利ベースで融資を行っている銀行などの金融機関は，金利引上げは受取額の増加に，金利引下げはその減少につながる。金利水準の変動の影響は，資金の貸付け，借入れを行う当事者だけが受けるわけではない。金利が経済の安定性を維持するために中央銀行によりコントロールされていることを前提とすれば，金利が引き上げられた場合，債券への需要は上昇するいっぽうで，株価は低下する可能性がある。このとき投資資産として保有する株式の価値は，低下することになる。また，株式会社にとっては，発行した株価が下がり，資本額も減少することになるかもしれない。このように金利の変

第Ⅰ部　リスクとリスクファイナンス

図表１－３　企業・組織にとっての価格リスク

性　質		種　類
価格リスク	事故 ⇒ 損失または利益	商品価格リスク	商品価格の変動により企業・組織が損失を被る，または利益を得るリスク
		為替リスク	為替レートの変動により企業・組織が損失を被る，または利益を得るリスク
		金利リスク	金利水準の変動により企業・組織が損失を被る，または利益を得るリスク

動は，企業・組織の財務状況にも影響を及ぼす価格リスクであるといえる。

　以上のような価格リスクの性質と種類をまとめると**図表１－３**のとおりとなるが，これらのリスクは企業・組織自身のキャッシュフローの変動性を拡大するものであり，しかも自らコントロールできないマクロ経済情勢や国際政治・社会情勢に大きく左右されるものである。このことから，価格リスクは，企業・組織自身のみならず，直接的，間接的に取引関係にある多様な当事者にも同時に影響を及ぼすものである。その結果，取引相手方の当事者の財務状況が悪化し，債券からの金利や商品代金など約定の金額の受取りが遅れたり，それが不能となる場合もある。次節では，このようなリスクについて分析する。

４．信用リスク

(1) 債券保有に伴う信用リスク

　信用リスクは，取引相手方の支払いが遅延したり，不能となったりするリスクである。**支払遅延または支払不能**により企業・組織は，予定していた額の資金を受け取れず，キャッシュフローが減少し損失を被ることになるおそれがある。

　信用リスクは，資金の貸付けを行う銀行などの金融機関のみがさらされるリスクではない。たとえば，多くの企業・組織は，投資資産として社債や国公債

第1章 リスク

などの債券を保有しているが，この場合は，証券の発行主体が財務困難に陥れば金利の受取りが遅延したり，さらに破綻(はたん)に陥れば元本(がんぽん)割れとなり，その結果キャッシュフローは減少する。しかも，企業・組織は，債券の発行主体の財務健全性に関する情報を容易に入手することは通常できず，債券保有に先立って発行主体の信用リスクを評価することは困難である。もちろん企業・組織は，ムーディーズ（Moody's Corporation）やスタンダード・アンド・プアーズ（Standard & Poor's）といった**債券格付け機関**が発表する格付け情報を，意思決定に際しての参考指標として利用できるものの，これらも発行主体の信用リスクを示す完全情報ではない。このため，債券を保有する企業・組織は，常にその発行主体の信用リスクにさらされている。

(2) 売買取引に伴う信用リスク

製品の製造・販売，商品・サービスの売買を行う場合も，取引相手方の信用リスクにさらされている。すなわち顧客が財務困難に陥れば売掛金(うりかけきん)の回収が遅延したり，不能となる場合があり，その結果キャッシュフローが減少することになる。たとえば顧客に対して，1か月先の代金支払いを条件に，商品やサービスを先に納入することは，売買取引においてしばしば行われることである。しかし商品・サービスの納入後に，その顧客が財務困難に陥り，未回収の代金支払いが遅延したり，それが不能となった場合，企業・組織は予定していたキャッシュインフローを得られず，損失を被るかもしれない。

また，供給者に対して原材料の納入に先立って，その代金の一部を前もって支払うことも一般的に行われるが，この場合もその後，原材料供給者の財務困難により，納品が不能となった場合には，先払いした代金を回収できないかもしれない。とくに，取引が特定の少数の大口顧客や原材料供給者に集中しているような場合は，信用リスクが重大となり得る。

しかし企業・組織は，取引相手である顧客や供給者の経営実態と財務健全性に関する十分な情報を，容易に入手できる立場にない。このため，取引に先立って取引相手方の信用リスクを正確に評価し，契約条件を調整することは極

13

めて困難である。しかも，前節で行った価格リスクの分析のなかでも触れたように，取引相手方の財務状況は，マクロ経済情勢や国際政治・社会情勢などの外的要因から大きく影響を受けるため，取引相手方も自らの信用リスクに関して完全情報を持つわけではない。このように，ほとんどの企業・組織が日常的に行う売買取引も，信用リスクをもたらす活動であるといえる。

(3) 金融取引に伴う信用リスク

　企業・組織は，金融機関とも様々な取引を行っているが，この際にも信用リスクにさらされることになる。たとえば，銀行に預金として資金を保有している場合に，銀行が財務困難に陥れば，預金の払戻しが遅延するかもしれない。さらには極めてまれではあるものの銀行が経営破綻する事態となれば，預金の一部の払戻しが不能となるかもしれない。銀行の財務状況に関しても，企業・組織は情報劣位にあり，事前に必要な情報を知り得る立場にないため，他の取引当事者の場合と同様に，銀行の信用リスクにさらされることになる。

　いっぽうで，このような情報不均衡は，銀行に対する厳格な財務規制によって，ある程度は解消されている。規制要件を満たしている銀行であれば，財務健全性が確保されていると期待でき，企業・組織は信用リスクを恐れることなく銀行との取引を行うことができるだろう。また，財務規制とならんで，セーフティネットとしての**預金保険制度**も，銀行の信用リスクを縮小することに貢献している。これにより，万一銀行が経営破綻した場合には，当座預金などの決済用預金は預金額の全額が保護され，企業・組織は事業を継続できる可能性が高い。しかし，有利息型普通預金や定期預金などの一般預金については，それらを合算した元本1,000万円までとその利息分のみが保護の対象となり，さらに外貨預金などは保護の対象とはなっていないことには留意する必要がある。銀行が数多くの企業・組織に融資を行うとともに，国内外の株式や債券を保有しているため，その財務状況は，マクロ経済情勢や国際政治・社会情勢などの外的要因から大きく影響を受けている。このため，厳格な財務規制や預金保険制度によって信用リスクが縮小されているものの，完全に取り除かれているわ

けではないといえる。

　銀行と並んで重要な取引金融機関が，保険会社である。企業・組織は，生命保険会社，損害保険会社と保険契約を結び，前に述べた人身損失リスク，財物損失リスクおよび賠償責任損失リスクを移転している。第3章において詳しく見ていくように，企業・組織は保険契約時に保険料を支払うことにより，保険の対象となる事故により損失を被った際に保険金を支払うことを約した保険証券を保険会社から受け取る。保険証券は，保険契約者である企業・組織が，保険会社に対して保険金を請求する債権を持つことを示すものである。しかし，万一保険会社が財務困難に陥り，支払不能となれば，損失が発生したとしても約定の保険金が受け取れないかもしれない。

　銀行と同様に保険会社も厳格な財務規制により，財務健全性は維持されるとともに，セーフティネットとしての**保険契約者保護制度**も整備されているため，保険会社の支払能力に関する，企業・組織と保険会社間との情報不均衡は緩和されている。しかし，保険会社が支払不能となった場合，保護の対象となるのは，自動車保険と個人契約の保険に限られる。さらに，保険会社も多数の保険契約者から収受した保険料を原資として，国内外の証券に投資しており，その支払能力は，マクロ経済情勢などの外的要因からも影響を受ける。このため，保険会社の信用リスクも完全に回避できるものではない。

　以上のような信用リスクは，**図表1－4**のようにまとめることができるが，企業・組織は事業活動を行ううえで関係するあらゆる取引相手方の信用リスクにさらされていることを，認識する必要がある。

図表1－4　企業・組織にとっての信用リスク

	性　質	種　類	
信用リスク	契約相手方の支払遅延・不能　⇒　損失	債券発行主体の信用リスク	債券発行主体の支払遅延・不能
		売買取引相手方の信用リスク	売買取引相手方の支払遅延・不能
		金融機関の信用リスク	取引金融機関の支払遅延・不能

第Ⅰ部　リスクとリスクファイナンス

5．まとめ

　リスクという言葉には，それにさらされている主体が，個人なのか企業・組織なのか，またその局面がいつなのかに依存して多様な含意があり，普遍の語義を与えることは困難である。しかし，企業・組織のリスクファイナンスという文脈から見れば，リスクは，何らかの原因により，将来キャッシュフローが予期せず減少したり，その変動性が拡大することであると，定義づけることができた。そして，企業・組織がさらされるリスクは，純粋リスク，価格リスクおよび信用リスクの3つの大きな種類に分類できた。純粋リスクは，何らかの事故が発生すれば，それを原因として損失が発生し，企業・組織のキャッシュフローが減少するものであり，企業・組織の人的・物的資源が損なわれる人身損失リスクと財物損失リスク，そして直接・間接の取引関係にある当事者に対して賠償責任を負う賠償責任損失リスクが，それに含まれた。価格リスクには，何らかの事故・事象を原因として損失または利益が発生し，企業・組織のキャッシュフローの変動性が拡大するものであり，商品価格の変動に起因する商品価格リスク，為替レートの変動よりもたらされる為替リスク，そして金利水準の変動からくる金利リスクが，これに含まれた。さらに，信用リスクは，取引相手方の支払遅延，支払不能のリスクであり，債券保有，売買取引，そして金融機関との取引に伴うため，企業・組織にとって避けることができないものであった。このようなリスクの性質と種類に関する知識は，次章以降見ていくリスクファイナンス，さらに内部リスク縮小やリスクコントロールの機能を理解するうえで，不可欠なものである。さらに，第10章以降では，より具体的に企業・組織リスクファイナンスの実際を，リスクエクスポージャの認識，リスクの測定，そしてリスクファイナンスの選択と実行というプロセスに沿って見ていくが，それを理解する際にも，本章で得たリスクに関する知識は助けになるだろう。

第 1 章　リスク

確認と議論

1. 企業・組織にとっての，リスクの2つの意味は何だろうか。それぞれの意味を表す例には，どのような事故・事象が挙げられるだろうか。

2. 所有する工場で製品を製造し，販売する企業は，どのような純粋リスクにさらされているだろうか。

3. 上記2と同じ企業が銀行から融資を受けて工場を運営し，原材料を輸入に依存し，製造した製品を輸出している場合，どのような価格リスクにさらされているだろうか。

4. 預金保険制度や保険契約者保護制度などのセーフティネットが，必ずしも十分に手厚くないことには，なにか合理的な理由があるだろうか。そのことによるメリットは，何であろうか。

第2章 リスクマネジメントと リスクファイナンス

　企業をはじめとする組織が活動するなかで，また，個人が生活するなかで，純粋リスクや価格リスクなど様々なリスクにさらされることは，第1章で見てきたとおりである。これらのリスクに対処することがリスクマネジメントであり，リスクファイナンスはそのなかに含まれる一連の活動または方法の総称である。本章では，リスクファイナンスを適切に行うための前提として，リスクマネジメントの全体像を理解していく。最初にリスクマネジメントの概念が体系化されてきた過程を見たうえで，現在の企業・組織のリスクマネジメントがどのような活動や方法を含み，どのようなリスクに対処可能なのかを見ていく。そしてリスクファイナンスが，リスクマネジメントのなかでどのように位置づけられるのかを確認する。

KEY WORD

リスクファイナンス　リスク移転　リスク保有
内部リスク縮小　リスク分散　情報投資
リスクコントロール　損失回避　損失縮小　保険
生命保険　傷害疾病保険　損害保険　ヘッジ　先渡し
先物　オプション　スワップ　金融派生商品
代替リスク移転　カタストロフィボンド　天候デリバティブ
免責の合意　補償の合意　自家保険　キャプティブ

第Ⅰ部　リスクとリスクファイナンス

1．リスクマネジメントの成り立ち

(1) 保険マネジメントからリスクマネジメントへ

　企業・組織にとっても，個人にとっても，最も身近なリスクマネジメントは保険の利用であろう。次章で詳しく述べるように，各種公的医療保険，雇用保険，労働者災害保険などの公的保険に加え，生命保険，損害保険，第三分野の保険とも呼ばれる傷害疾病保険に分類される多様な私的保険を選択し利用することにより，疾病，傷害，死亡，長生き，失業，事故，自然災害など様々なリスクに対処している。

　企業・組織にとっても保険は，リスクマネジメントの中心となっており，経営者や従業員の傷害・疾病・後遺障害・死亡，火災，自然災害，賠償責任の負担などのリスクに対処している。これらのリスクは，第1章で見たように，事故が発生するとそれが損失につながるという純粋リスクであるが，これらの純粋リスクは，保険契約者自身の活動により管理可能な場合がある。すなわち，安全対策，品質管理，経営者・従業員教育に投資することにより，傷害・疾病などによる人身損失や，火災・災害などにより被る財物損失を被ったり，また，商品の欠陥，環境汚染，経営者・従業員の不正行為などにより損害賠償責任を負担する頻度を低下させたり，これらの事故が発生したとしても損失の強度を低下させることができる。このことが広く認識されるようになったのは，わが国が高度経済成長期を迎えようとする1960年代から70年代にかけてであるが，この頃から企業・組織は，それまで別々に手当てしてきた保険と，それ以外の安全対策や品質管理などの多様なリスクマネジメントを統合的に利用するようになる。このような状況を背景として，リスクマネジメントの体系が整備されていった。

(2) ファイナンス諸理論からの影響

　リスクマネジメントの体系化に伴い，保険は，後に述べるように金融派生商品や貯蓄などとともにリスクに金銭的に対処する活動や方法の一つとして認識

第2章　リスクマネジメントとリスクファイナンス

されるようになり，同時にファイナンスと共通の枠組みにおいて分析され，ファイナンスの諸理論の発展から強く影響を受けるようになる。1950年代から60年代にかけて，ポートフォリオ理論や資本資産評価モデルが構築されたことを受けて，1970年代からは主に米国において，これら理論が保険契約の引受けや保険会社の資産管理などへの応用が盛んに試みられた。さらに1980年代になると，企業・組織を，経営者，従業員，サプライヤー，顧客，株主，債権者などを含む多様なステークホルダーとの間に結んだ契約の集合体であるとみなし，リスクマネジメント活動が，ステークホルダーとの契約条件の改善，支払税額の縮小および資本コストの軽減などをとおして，様々な取引コストを軽減し得ることが認識され，第13章で詳しく述べるようにリスクマネジメントが，損失に備えるための受動的な活動ではなく，価値最大化という，より積極的な目的をもって行われるものになる。

　20世紀後半はいっぽうで，原油価格規制緩和，変動為替相場制への移行や米国の目標金利政策の廃止などにより，商品価格リスク，為替リスクおよび金利リスクといった，企業・組織が直面する価格リスクが拡大した時代でもある。そして，価格リスクをヘッジする手段への需要の高まりを背景として，金融デリバティブ市場が急速に成長するが，それを支えたのがオプション・プライシング理論の発展である。そして，オプション・プライシング理論も，保険料率算出や保険契約者保護制度の賦課金計算に応用されることとなる。また，1980年代後半から企業・組織は，地震や極端な気象現象などの大規模自然災害の頻発，さらに今世紀に入るとテロリズムや大規模感染症の発生などにより，巨大損失リスクに直面することになり，オプションや証券化の仕組みを応用したカタストロフィオプションやカタストロフィボンドなどの代替リスク移転をとおして，巨大損失リスクを金融市場に移転する試みがなされるようになる。

　こうした大きな変化のなか，かつて純粋リスクに保険により対処することに注力してきた企業・組織のリスクファイナンスは，価格リスクを含めたあらゆるリスクに，以下で述べるヘッジ，免責と補償の合意，代替リスク移転，そしてリスク保有など多様なリスクファイナンスにより対処するものへと変化して

いった。

2．リスクマネジメントの体系

　リスクマネジメントは，その機能により大きくリスクファイナンス，内部リスク縮小およびリスクコントロールの3つの活動・方法に分類される。

(1) リスクファイナンス

　一つ目のグループは，**リスクファイナンス**のグループである。リスクファイナンスは，事故発生の頻度を低下させたり，損失の強度を低下させる機能はないものの，損失発生後にそれを埋め合わせるための資金調達の手段として利用されるリスクマネジメントである。リスクファイナンスは，後に詳しく述べるように，さらにリスクを他者に移転する**リスク移転**と，自らの資金でリスクに備える**リスク保有**とに細分される。従来の企業・組織のリスクマネジメントにおいて中心的な役割を担ってきた保険は，純粋リスクを保険者に移転するものとして，価格リスクに対処するために先物やオプションを含むヘッジなどとともに，リスク移転に分類される。

(2) 内部リスク縮小

　リスクマネジメントの二つ目の活動・方法は，**内部リスク縮小**である。これは，リスクに金銭的に対処したり，物理的に回避・縮小したりするのではなく，企業・組織あるいは個人が自らの活動をとおして内部的にリスクを縮小する方法である。内部リスク縮小は，適切な事業・投資資産・財物ポートフォリオを構成・保有する**リスク分散**と，将来キャッシュフローの予測のための**情報投資**が含まれる。

(3) リスクコントロール

　リスクマネジメントのもう一つのグループは，リスクに物理的に対処するこ

とにより，事故発生の頻度と，損失の強度のいずれか，または両方を低下させることにより，結果として期待損失を低下させる機能を持つ諸活動を含むリスクコントロールである。これは，後に詳しく述べるように，事故発生頻度を低下させる機能を有する**損失回避**，損失の強度を低下させる機能を有する**損失縮小**に細分される。

以上のようなリスクマネジメントを体系化すれば，**図表２－１**のようになる。それぞれの活動・方法が対象とするリスクの種類と，その仕組みや利用方法については次章以降で詳しく見ていくが，以下ではリスクマネジメントの全体的な体系を踏まえながら，それぞれの概要を理解していく。

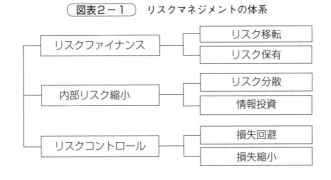

図表２－１　リスクマネジメントの体系

3．リスクファイナンスの概要

(1) リスク移転

発生した損失を事後的に埋め合わせるリスクファイナンスが，大きくリスク移転とリスク保有とに分類されることは前述のとおりであるが，それぞれに含まれる主な方法は，図表２－２のとおり一覧できる。

そのなかでリスク移転は，他者と契約を取り交わすことにより，自らがさらされているリスクを契約相手方が肩代わりするようなアレンジメントであり，保険，ヘッジ，代替リスク移転および免責・補償の合意が含まれる。

第 I 部　リスクとリスクファイナンス

図表2-2　リスクファイナンスの種類

リスク移転	保険	生命保険，損害保険，傷害疾病保険，各種公的保険など
	ヘッジ	先渡し，先物，オプション，スワップなど
	代替リスク移転	カタストロフィボンド，天候デリバティブなど
	免責・補償の合意	契約上の免責事由，製品保証制度など
リスク保有		貯蓄・キャッシュフローからの支払い，積立金，自家保険，キャプティブなど

① 保険

　第1章で述べたとおり，リスクには，損失のみが発生するおそれのある純粋リスクと，損失と利益の双方が発生する可能性がある価格リスクが含まれる。契約の対象とした事故により損失が発生した場合に保険金が支払われる**保険**は，純粋リスクに対処するためのリスク移転の方法である。純粋リスクには，人の傷害，後遺障害，死亡，生存，失業などの人身損失のリスク，建物やその収容物などの財物の損傷・滅失を含む財物損失のリスク，そして他者に損害を加えた際の損害賠償責任負担のリスクなどが含まれる。保険会社から提供される私的保険に関してみれば，人身損失のリスクは主に**生命保険**および**傷害疾病保険**を，財物損失と損害賠償責任にかかわるリスクは主に**損害保険**を付すことにより，企業・組織は保険会社にリスク移転を行うことができる。

　また，社会保険とも呼ばれる公的保険は，個人が生活するなかでさらされる傷害，後遺障害，死亡，生存，失業などのリスクに対して，公的生活保障制度の一環として国や公的機関が保険者となり保障または補償を提供するものであり，各種公的医療保険，公的介護保険，雇用保険，労働者災害補償保険，公的年金などが含まれる。個人を被保険者とするものであるが，企業・組織にとっても，福利厚生の一つとして従業員の公的保険の保険料負担や保障・補障提供などの面で関与する分野である。

　私的保険に関しては，実際の保険商品は，多様な名称が付されるとともに，対象とするリスクも多様化し，またパッケージ化も進んでいるため，一律の分

第2章　リスクマネジメントとリスクファイナンス

図表2-3　保険の種類と対象リスク

保険の種類			対象リスク
私的保険	生命保険	死亡保険，生存保険，生死混合保険など	人の生存，死亡
	損害保険	火災保険，自動車保険，賠償責任保険など	偶然の事故を原因とする財物の損傷・滅失，損害賠償責任の負担など
	傷害疾病保険（第三分野の保険）	傷害保険，医療保険，介護保険など	傷害，疾病，後遺障害など
公的保険（社会保険）	公的医療保険，公的介護保険，雇用保険，労働者災害補償保険，公的年金など		傷害，疾病，後遺障害，生存，死亡，失業など

類は難しいが，わが国における保険の種類を，それらが対象とするリスクから分類を試みれば，**図表2-3**のようになる。これらの保険の仕組みについては第3章で詳述する。

② ヘッジ

　保険が純粋リスクを対象としているのに対して，ヘッジは，商品価格の変動，金利の変動，為替レートの変動といった価格リスクに対処するリスク移転である。具体的には，**先渡し**，**先物**，**オプション**および**スワップ**をはじめとする**金融派生商品**（金融デリバティブ）の利用が含まれ，前述の20世紀後半のファイナンス諸理論の発展と，同時期に起こった価格リスクの顕在化を背景として発展し，広く利用されるようになったものである。価格リスクにさらされることにより，企業・組織は利益を得ることもあれば，反対に損失を被ることもあるが，金融派生商品を利用することにより，企業は価格変動から生じる損益を相殺し，キャッシュフローを平準化することが可能となる。

　たとえば，小麦価格の変動というリスクにさらされている企業の例を挙げれば，小麦を原材料として食品を生産している食品会社にとっては，その価格の予期しない高騰は，多額の損失をもたらす。反対に，小麦を生産・販売している農場経営者にとっては，小麦価格の下落は売上の減少をもたらすものである。

第 I 部　リスクとリスクファイナンス

このように価格リスクにさらされている企業は，金融派生商品の先物やオプションを利用することにより，価格リスクを契約相手方に移転することができる。ヘッジを適切に行うためには，自らがさらされている価格リスクの特徴と，ヘッジ契約の相手方からの支払いであるペイオフがどのようなものかを理解する必要があるが，これについては第 4 章で詳細に見ていく。

③　**代替リスク移転**

近年，伝統的なリスク移転である保険ではなく，証券化の仕組みや，ヘッジの仕組みを利用した新たなリスクファイナンスが見られるようになっている。**代替リスク移転**（ART，代替的リスク移転とも呼ばれる）と総称されるこれらの方法は多岐にわたるが，いずれも，これまで保険が対象としていなかったリスクを保険に代替して移転したり，保険でカバーされない超過損失部分を移転することを目的としたものである。その代表的なものが**カタストロフィボンド**と**天候デリバティブ**である。

カタストロフィボンドは，証券化の仕組みを応用して，保険で処理しにくい地震などの大規模自然災害による巨大損失を投資家に移転するものである。第 3 章および第12章で述べるように，保険はすべての純粋リスクに対処できるわけではない。とくに大規模自然災害などのリスクは，損失発生の相関，期待損失の不確実性ともに高く，保険によっても十分対処することが困難である。このような保険の限界を補完するものとして，2000年代以降，地震などの高リスク地域に大規模施設を保有する企業・組織によってしばしば利用されてきたものである。

いっぽう天候デリバティブは，ヘッジの一つの手段であるオプションの仕組みを応用して，天候に関係して企業・組織が被る損失を保険会社や銀行などの金融機関に移転するものである。たとえば，気温によって売上が左右される清涼飲料メーカーや，雨天が続くと損失につながる屋外型娯楽観光施設などが，一定期間の平均気温や降水量を基準として，実際の平均気温や降水量が基準を超えた場合，または下回った場合にペイオフが支払われるというものである。これらの詳細な仕組みと，保険との相違点などについては第 7 章で見ていく。

第 2 章　リスクマネジメントとリスクファイナンス

④　免責と補償の合意

　企業・組織は，保険，ヘッジ，代替リスク移転以外の契約により，他者にリスクを移転することもできる。その代表的なものが，**免責の合意**および**補償の合意**である。免責の合意は，契約の当事者の一方が，ある活動から生じる損失に対して，もう一方の当事者を免責にすることに合意するものである。いっぽう補償の合意は，第三者である被害者の損失に対して，契約の当事者の一方がいったん支払い，その後にもう一方の当事者が補償するものであり，機能的には免責の合意と大きく異ならない。

　たとえば，製品製造者と製品小売販売店の両者が販売委託契約を結ぶ際に，製品の欠陥によりその購入者が被る損失を負担する義務を負う当事者がいずれなのかを予め取り決めて，契約のなかに盛り込んでおくことなどが，挙げられる。この合意において，リスク移転者が販売店で，リスク引受者が製造者であるとすると，免責の合意がなされていれば，製造者は，購入者が被った損失を直接的に補填することになる。また，補償の合意がされていれば，販売者がいったん購入者に対して損失を補填し，追って製造者からそのために支払った金額の補償を受けることになる。

　このような免責・補償の合意において，契約当事者のいずれがリスク移転者またはリスク引受者となるかを取り決める際には，対象となるリスクに関して当事者のどちら側が情報優位でどちら側が情報劣位なのかに留意する必要がある。このような免責・補償の合意と情報不均衡との関係については，第7章でより詳しく分析する。

(2)　リスク保有

　リスク保有は，発生した損失の全部または一部を自らが埋め合わせるリスクファイナンスの活動である。たとえば，自動車部品メーカーが，原材料となる鋼材の価格変動による損失に自らの資金を充てることも，リスク保有に含まれる。損失が小規模であれば，企業・組織は内部資金源として事業活動からのキャッシュフローにより，それを補填することができる。

27

第Ⅰ部　リスクとリスクファイナンス

　より洗練されたリスク保有の方法として，企業・組織は損失補填専用の資金を積立金として任意に用意しておくこともできる。より組織化された積立金としては，**自家保険**が挙げられる。自家保険は，企業・組織が将来被るであろう損失を予測し，それに基づき自家保険料を計算したうえで，必要な資金を内部留保するものである。さらに，グループ形態をとる企業が，リスク引受専門の子会社を設立し，これに所有関係にあるグループ内の企業の様々なリスクを引き受けさせる方法も，しばしば採用される自家保険の形態である。このような仕組みは**キャプティブ**と，リスクを引き受ける子会社はキャプティブ保険者とそれぞれ呼ばれ，国際的に事業活動を行う多くの大規模グループ企業にとって，重要なリスクファイナンスの選択肢となっている。これらのリスク保有については，第8章において分析する。

4．内部リスク縮小の概要

　企業・組織は，起こり得る損失に資金調達手段としてのリスクファイナンスで対処することに加え，リスクを自らの活動をとおして内部的に縮小することも可能である。このような内部リスク縮小には，リスク分散および情報投資が含まれる。

(1) リスク分散

　企業・組織が行う一連の事業の集合体，また，保有する一連の資産の集合体は，それぞれ事業ポートフォリオ，資産ポートフォリオと呼ばれるが，**リスク分散**は，これらのポートフォリオを適切に選択・構成し，管理することを指す。すなわち，利益・損失発生の相関が低い事業同士を組み合わせた多角化を行うことにより，企業・組織全体としての事業収益・損失の変動性を縮小することや，同様に相関の低い資産を組み合わせた投資活動を行うことで投資収益・損失を平準化することなどが挙げられる。

　また，意思決定機能を少数の経営者に集中するのではなく，複数の事業部門

に分割して委ねることや，事業拠点を特定の地域に集約せず地理的に広い範囲に置くことなども含む。さらに資金調達先，顧客，原材料供給者などの取引相手方を多様化することもリスク分散を目指した活動であるといえる。

(2) 情報投資

企業・組織は，自らの活動に関わる様々な情報を収集し，それに基づき統計を編纂し，分析することで，将来の損失または利益をより正確に予測することができる。このような**情報投資**には，過去の事故発生状況に関する情報を収集・分析することや，新商品の潜在的な需要調査を行うこと，将来の商品価格，金利および為替レートの予測のためのシミュレーションを行うことなどが含まれる。これらの情報投資活動を通して，企業・組織は，将来キャッシュフローの確率分布をより正確に予測することができ，無駄のない投資計画や資金調達計画を立て，実行することができる。また，リスクファイナンスおよびリスクコントロールを過剰または過少に行うことなく，適切なアレンジメントが可能になる。

以上の内部リスク縮小を整理すれば**図表2－4**のようになるが，リスク分散を適切に行うためのポートフォリオの選択・管理方法や，情報投資を支える統計の諸理論などについては，第9章において述べる。

図表2－4　内部リスク縮小の種類

リスク分散	適切なポートフォリオ管理
情報投資	将来キャッシュフロー予測のための情報収集・分析

5．リスクコントロールの概要

損失発生後，それを金銭で補填するリスクファイナンスに対して，リスクコントロールは，損失の頻度と強度の双方またはいずれかを低下させることによ

り，損失の期待値（期待損失）を低下させるリスクマネジメントの諸活動である。リスクコントロールは，さらに損失回避と損失縮小の2つの種類に分類されるが，両者の機能を併せ持つものもある。

(1) 損失回避

損失回避は，主に損失発生の頻度を低下させることで期待損失を引き下げる活動である。たとえば，運送業を営む企業が，自動車事故のリスクに対するための損失回避には，どのようなものがあるだろうか。自社の自動車が事故を起こせば，車両や積み荷の損傷といった財物損失を被るであろう。事故が重大なものであれば，従業員である運転者が傷害を負うだけでなく，後遺障害や死亡につながることもあり得る。さらに，事故の原因がその従業員の過失により引き起こされたのであれば，被害者となった事故の相手方に対して損害賠償責任を負い，賠償金を支払うことにもなりかねない。このような事態に備え，この企業は，厳格な車両の検査・整備や，運転者を対象とした安全運転訓練の実施および勤務時間の調整などを行うことができる。これらの対策は，主に自動車事故の頻度を引き下げる損失回避に分類することができる。同様に，火気を扱う工場において生産を行う企業は，工場内において火気の使用場所を限定することや，従業員に対して火気の取扱マニュアルを整備することなどにより，火災発生の頻度を引き下げることができ，これらの活動も損失回避であるといえる。

(2) 損失縮小

損失縮小は，主に損失の強度を低下させる機能を有するリスクコントロールの活動である。先の例と同じ運送業を営む企業について見れば，運転者のために事故発生時の対応マニュアルを整備することなどが，損失縮小に含まれる。これらの方策は，自動車事故の発生自体を防ぐことはないかもしれないが，事故が発生した際に損失の強度を低下させる損失縮小に分類できる。工場における火災のリスクに対処しようとする企業であれば，火気の使用制限や，火気の

第2章 リスクマネジメントとリスクファイナンス

取扱マニュアルの整備などの損失回避のほか，工場に防火壁を設置したり，スプリンクラーを配備することもできる。防火壁やスプリンクラーは，火災の発生自体を防ぐことはできないかもしれないが，火災が拡大し延焼することを避け，損失を最小化しようとするものであり，損失縮小であるといえる。

(3) 損失回避・縮小の機能を有するリスクコントロール

リスクコントロールのなかには，損失の頻度と強度の双方を低下させる損失回避と損失縮小の機能を同時に備えているものも多い。たとえば，製薬会社が新薬の安全性を厳格に検査することは，薬害などの事故の発生自体を防止すると同時に，事故がいったん発生してもそれが重大なものとならないことを目的として行われるものであり，損失回避および損失縮小の双方の機能を持ったものである。また，車両に装備されるABSシステムや運転補助機能などの安全装置も，自動車事故の発生を防ぐだけでなく，事故が発生しても衝突の衝撃を緩和して損失を拡大させない機能を持つものが多く，損失回避と損失縮小の機能をともに有するリスクコントロールである。

以上のリスクコントロールを整理すれば**図表2-5**のようになるが，これらの詳細な機能や，実施する際に留意すべき便益と費用の捉え方などについては，第9章において詳しく見ていく。

図表2-5　リスクコントロールの種類

損失回避	厳格な機器検査・整備，事故回避訓練の実施，勤務時間の調整，火気の使用制限，危険な活動の縮小・停止など
損失縮小	事故対応マニュアルの整備，防火壁の設置，スプリンクラーの配備など
損失回避・縮小	厳格な製品安全性検査，自動車への運転補助機能の付加など

6．まとめ

　リスクマネジメントは，企業・組織が保険だけでなく多様な活動や方法でリスクに対処しようとするなかで体系化されてきた。すなわち，リスクマネジメントは，リスクに金銭的に対処するリスクファイナンス，企業・組織自身の活動をとおしてリスクを縮小する内部リスク縮小，そして物理的に期待損失を低下させるリスクコントロールの3つのグループに大きく分類された。これらのなかでリスクファイナンスには，保険やヘッジなどによりリスクを他者に移転するリスク移転と，自らの資金でリスクに対処するリスク保有とに，内部リスク縮小はリスク分散と情報投資とに，リスクコントロールは損失回避と損失縮小とに，それぞれ細分された。企業・組織がさらされるリスクは多様であり，それらに対処するための実務も非常に複雑に見えるかもしれないが，本章で見てきたリスクマネジメントとリスクファイナンスの体系的理解は，企業・組織が直面するリスク実態を理論的に把握・分析し，適切に意思決定を行い，それに対処していく際の助けとなるものである。

確認と議論

1．住宅の火災のリスクに対処するために個人が行えるリスクマネジメントには，どのようなものが挙げられ，それぞれどのように分類できるだろうか。

2．生命保険と損害保険がそれぞれ対象とするリスクには，その特徴に違いがあるだろうか。

3．企業・組織がリスク分散のためにステークホルダーを多様化するためには，どのような方法があるだろうか。

4．従業員の業務時間中の傷害のリスクに備えるため，企業・組織はどのような情報を収集すべきであろうか。

第Ⅱ部

リスクファイナンスの種類と機能

第3章 保険の機能と種類

　保険は，何らかの事故を原因として損失が発生するおそれのある純粋リスクに対処するために，個人・家計によってはもちろん，企業・組織リスクファイナンスにおいても広く利用されている。企業・組織は，従業員などが傷害を負ったり，火災などにより建物に損失が発生したり，顧客などに対して賠償責任を負ったりする事態に備えるために，保険会社から提供される多様な種類の私的保険を選択し，利用しなければならない。また，企業・組織は，雇用者として負う公的義務によっても，従業員への福利厚生の一環としても，各種公的保険への従業員の加入に関与しなければならない。本章では，このために企業・組織が理解しておかなければならない，保険の基本的な構造と機能，そして保険の種類と内容について見ていく。

KEY WORD

保険　保険契約者　保険加入者　保険者　保険料
保険金　被保険者　保険の目的　保険事故　保険期間
プーリングアレンジメント　リスクプロファイル　全部保険
一部保険　生存保険　死亡保険　生死混合保険
傷害疾病保険　傷害保険　所得補償保険　医療保険
搭乗者傷害保険　人身傷害補償保険　保険金額
定額給付方式　火災保険　保険価額　実損填補方式
地震保険　自賠責保険　自動車保険　対人賠償責任保険
対物賠償責任保険　車両保険　企業賠償責任保険
生産物賠償責任　経営者賠償責任保険
専門職業人賠償責任保険　環境汚染賠償責任保険

第Ⅱ部　リスクファイナンスの種類と機能

1. 保険の構造と機能

(1) 保険契約の構造

　保険は，リスク移転者となる企業・組織または個人・家計が，リスク引受者としての保険会社や公的機関に，純粋リスクを移転する契約である。保険契約の当事者であるリスク移転者は**保険契約者**または**保険加入者**と，リスク引受者は**保険者**と，それぞれ呼ばれる。以下では，保険会社が保険者となる私的保険を前提として，保険契約の構造をみていく。**図表3－1**に示したように，まず契約締結時に保険契約者は予め**保険料**を保険会社に支払う。いっぽう保険会社は，対象となる事故を原因として保険契約者が被った損失に対して**保険金**を支払うことを約する。生命保険などで個人が保険によるカバーの対象となる場合にその個人は**被保険者**と，損害保険で建物などの財物が対象となる場合にそれは**保険の目的**と，それぞれ呼ばれる。また，保険金支払いの対象となる事故は**保険事故**と，保険によるカバーが継続される保険始期から保険終期までの期間は**保険期間**と，それぞれいう。

　いっぽう保険会社は，保険契約者から引き受けた純粋リスクをどのように処理しているのだろうか。保険会社は，通常数多くの保険契約を引き受けている。このように保険会社が引き受けた保険契約の集合体は，保険契約ポートフォリオあるいは保険集団と呼ばれる。保険契約が対象としている事故が，発生頻度が過度に高くなく，同時に多数の契約に発生するものでない限りにおいては，保険契約ポートフォリオを構成する一部のリスクエクスポージャに事故が発生したとしても，保険会社はすべての保険契約者から予め収受し集積した保険料

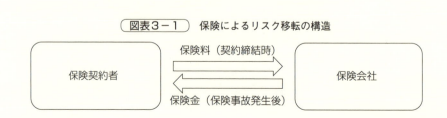

図表3－1　保険によるリスク移転の構造

の総額のなかから，保険金を支払うことができるだろう。見方を変えれば，保険事故に遭った保険契約者にとっては多額の損失であっても，それを埋め合わせるために必要な金額を，契約者全体で予め負担して用意しておく仕組みを作れば，個々の契約者の事前の負担額は，それほど高額とはならない。このような保険契約の仕組みは，第9章で詳しく取り上げる内部リスク縮小のリスク分散の仕組みを利用した純粋リスクの**プーリングアレンジメント**であるといえる。その意味で，保険契約者はこのアレンジメントへの参加者であり，保険会社はアレンジメントの管理者の役割を担っている。

(2) 保険のリスク移転機能

　保険契約を結ぶことによって，保険契約者の損失に対する自己負担はどのようになるのであろうか。このことについて，ある企業が所有する建物に生じる損失を対象とした火災保険を例に挙げて考えてみたい。この例において，企業は保険の目的である建物を売却しようとしているのではなく，店舗や事務所として継続的に利用しているとしよう。つまり企業にとっての建物の価値は，その市場価値ではなく，企業自身が利用して得られる利益を見込んだ固有の利用価値であるといえる。したがって，建物の一部または全部が火災により利用不可となれば，企業にとっての価値は低下する。そして企業は，建物を復旧するために，その修理・修繕費，建替え費用を負担しなければならず，これらの費用が企業にとっての損失となる。このような建物の利用価値と損失による企業の財産との関係を示したものが**図表3－2**である。同図表は建物の利用価値を水平軸に，保険契約者の損失負担または保険金受取りを垂直軸として平面上に示したものであり，このようなダイヤグラムは**リスクプロファイル**と呼ばれる。両軸の交点は火災が発生しない，すなわち無事故の状態を示し，ここにおいて保険契約者は何ら損失を被ってはいない。火災により損失を被るおそれがある状態は純粋リスクであるため，これにより保険契約者が利益を得ることはない。このため，破線で示した水平軸の無事故点より右方は考慮しない。

　この企業が無保険の場合に火災が発生すれば，建物に生じた損失の全額を自

第Ⅱ部　リスクファイナンスの種類と機能

ら負担しなければならず，建物の利用価値と保険契約者の財産の関係は，破線Aで示したような45度左下がりの直線で示される。企業が，損失の全額を保険会社に移転する保険である**全部保険**を付していた場合は，予め保険会社に保険料を支払うため，その分の財産の減少分を反映して，リスクプロファイルは下方にシフトする。しかし，事故が発生しても破線Bのように損失と同額の保険金を保険会社から受け取り，損失補填に充てることができる。その結果，この企業の全部保険契約後のリスクプロファイルは，破線B'のようになり，損失の額に関わらず保険料を超えた，いかなる追加的負担も生じない。

またこの企業は，第5章および第11章でも分析するように，損失の一部のみを保険会社に移転する**一部保険**を付すこともできる。たとえば，損失の50％をリスク保有し，50％を保険会社に移転するような一部保険を付した場合，保険

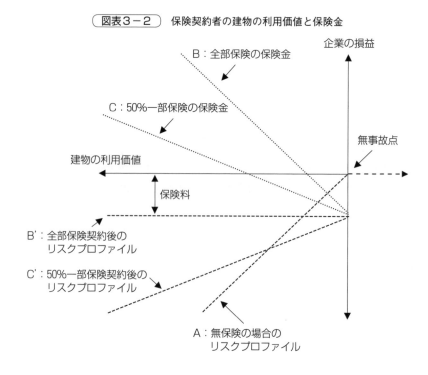

図表3-2　保険契約者の建物の利用価値と保険金

料が全部保険と同額と仮定すれば図表3－2の破線Cのように，損失が発生してもその半額の保険金を受け取ることができる。このため企業の実質的損失負担額は，発生した損失の半額となり，このことを反映して一部保険契約後の企業のリスクプロファイルは，破線C'のような直線として描くことができる。このように，保険契約を付すことにより，保険契約者のリスクプロファイルは無保険の場合より上方にシフトし，被った損失に対する自らの負担が軽減されることがわかる。

2．公的保険の特徴

(1) 生活保障としての公的保険

　保険が大きく公的保険と私的保険に分類されることは，前章において触れたとおりである。公的保険は，国または公的機関などの公法人が保険者として保険を運営するものであり，公保険とも呼ばれる。公的保険は，個人が日常生活を営むなかでさらされることになる傷害，疾病，後遺障害，死亡，長生き，失業，退職，災害，事故といった様々なリスクから個人を保護することを目的とした公的生活保障制度を構成する要素である。たとえば，国民健康保険などの公的医療保険，公的介護保険，雇用保険，労働者災害補償保険，公的年金がこれに含まれる。これらの公的保険は個人に対して基本的な生活保障を提供することで，社会の秩序を安定させ，またその一体性を強めるものである。たとえば，公的医療保険は，個人が疾病となったり，傷害を負ったりした場合に，予め定めた基準に従い保障を提供し，被保険者およびその家計の経済的安定を確保するものである。このような生活保障としての公的保険にどのような種類があり，どのような分野で保障または補償を提供しているのかをまとめれば，図表3－3のとおりとなる。

(2) 公的保険の所得再分配機能

　公的保険は，基本的生活保障の提供という機能とともに，所得再分配機能も

第Ⅱ部　リスクファイナンスの種類と機能

図表3-3　公的保険の種類

生活保障の分野	主な公的保険の種類
医療保障	医療保険（健康保険，国民健康保険など）
老齢保障	厚生年金保険，国民年金
介護保障	公的介護保険，厚生年金保険，国民年金，労働者災害補償保険
労働者災害補償	労働者災害補償保険
雇用保障	雇用保険

備えている。たとえば公的医療保険を例にとってみれば，その保険料は基本的には被保険者の標準報酬を基礎として算出される。このような所得に基づく応能負担の原則に基づいて保険料が適用される仕組みは，高所得者から低所得者層への，いわゆる垂直的所得再分配の機能を持つ。公的医療保険を別の視点から，保険料が個人の健康状態にかかわらず決定される点に注目すれば，健康な個人から傷病の個人への，いわゆる水平的所得再分配を行っていると見ることもできる。さらに被保険者の年齢に関してみれば，若年者に比べて高齢者の医療利用頻度が統計的に高いにもかかわらず，年齢による保険料の差が設けられていないことは，世代間所得再分配の機能も持つといえる。このような所得再分配機能をとおして，公的保険は，その市場で生活する個人の生活を安定させ，社会的統合を促進し，社会秩序を維持するという機能を持っている。

　以上のように公的保険は，個人あるいは家計に対して生活保障を提供することを目的としているが，企業・組織にとっても無関係ではない。企業・組織は，従業員の労働者災害補償保険に加入しなければならず，また，従業員の公的医療保険，雇用保険の保険料を従業員と折半して負担しなければならない。このように企業・組織は，従業員の公的保険の加入および保険料負担に直接関与することはもちろん，自ら設計する雇用契約上の福利厚生制度についても，従業員がどのような公的保険からどのような保障または補償を得られるのかを理解しておかなければならない。これらのことからも，企業・組織経営者は，公的保険の目的や保障・補償内容について把握しておくべきであろう。

3．人身損失リスクと私的保険

　私的保険は，企業・組織が自らのリスクファイナンスのために主体的に選択し利用するものであり，第2章において触れたとおり，わが国においては生命保険，傷害疾病保険および損害保険の3つの種類に分類される。これらの私的保険を，それぞれが対象とするリスクの種類別に再整理すれば，人身損失リスクに関しては主に生命保険，傷害疾病保険および自動車保険の一部が，財物損失リスクは損害保険に含まれる火災保険などの財物保険が，そして賠償責任損失リスクは同じく損害保険のなかの賠償責任保険が，それぞれ対象としている。本節では，そのなかで生命保険と傷害疾病保険，そして自動車保険の一部について，その対象となる人身リスクを見ていく。

(1) 生命保険

　生命保険は，個人の生存または死亡のリスクを対象とした保険である。個人の生死は，常にいずれかの状態にある点で，後に述べる損害保険のように起きるか起きないか自体も不確実である偶然の事故とは性質が異なるものである。ただ，いつまで生存するのか，あるいはいつ死亡するのかというタイミングに関しては不確実であり，生存すれば生活費や医療費などの費用が必要となり，死亡すれば本来得られたであろう所得が失われ，逸失利益が生じる。かりに死亡した個人に被扶養者がいれば，生活費に充てるべき収入が途絶することになる。このように個人の生存と死亡は，ともに事故の発生が損失につながる純粋リスクであるといえる。

① 生存保険

　個人の生存のリスクを対象にした生命保険が，**生存保険**である。生存保険では，被保険者が約定の一時点に生存していた場合に保険金が支払われるもので，個人年金保険，学資保険などの名称で保険会社から提供されている。たとえば個人年金保険を見ると，被保険者が満65歳など約定の年齢に達することを保険事故として，それ以降毎年一定額の保険金が支払われるものである。また，学

資保険では,被保険者がたとえば満18歳に達した時に,その後の学費に充当するための保険金が一時金として支払われる。

これらの生存保険は,純粋に生存保障のみを提供するのではなく,被保険者が一定年齢に到達する前に死亡した場合に,それまでに払い込まれた保険料の累積額に応じて,保険金が支払われるように死亡保険の機能を組み入れて設計されているものが一般的である。

② 死亡保険

死亡保険は,保険の対象となる期間である保険期間に被保険者が死亡した場合に,これを保険事故として保険金が支払われる生命保険である。死亡保険は,保険期間の設定方法に応じて,定期保険と終身保険に分類される。定期保険は,保険終期を一時点に定め,それまでに被保険者が死亡した場合に保険金が支払われる。いっぽう終身保険は,被保険者の死亡を保険終期とみなすもので,時期にかかわらず死亡すれば必ず保険金が支払われ,このため同じ保障内容であれば定期保険より保険料は高額となる。実際には,この両者を組み合わせて利用する場合が多い。たとえば必要最低限の終身保険に,被扶養者が成人になる時点を保険終期とした定期保険を上積みするなどの契約方式が多く見られる。

③ 生死混合保険

生存保険と死亡保険を組み合わせて単独の保険としたものが,**生死混合保険**である。したがって保険期間中の被保険者の死亡と,保険終期における生存が,ともに保険事故となる。前述の生存保険での死亡保障が,死亡までの累積保険料に従って決定されるのに対して,生死混合保険では,保険期間内であればいつ死亡しても,同じ金額の保険金が支払われるとともに,保険終期に生存していれば,やはり同額の保険金が支払われるものである。実際の生死混合保険は,養老保険などの名称がつけられている。

企業・組織は,事業を行ううえで不可欠な人的資源としての従業員,管理者,また経営者自身を被保険者として,これらの人材が死亡するような事態に備えるために,また,優秀な人材確保のための福利厚生の一環として,これらの生命保険を利用することができる。

(2) 傷害疾病保険

　個人は生活するなかでも，業務に従事するなかでも，火災や自然災害，自動車事故などの不慮の事故により傷害を負うおそれがあり，また，感染症やその他の疾病にかかるおそれもある。これらの傷害や疾病は，いかに慎重に注意深く行動しても，完全に防ぐことはできず，個人は医療費負担のリスクに常にさらされている。前述のとおり公的医療保険には自己負担分があるとともに，先進医療のなかにはその対象とならないものもある。このような傷害，疾病のリスクに対処する私的保険が，第三分野の保険とも呼ばれる**傷害疾病保険**であり，各種傷害保険，所得補償保険，医療保険などがこれに含まれる。

① 傷害保険

　傷害保険は，急激かつ偶然な外来の事故により被保険者が負った傷害に対して保険金が支払われるものである。事故の急激性とは，原因となった事故から結果としての傷害までの過程が直接的で，時間的間隔のないことを意味する。また，事故の偶然性とは，傷害の原因となった事故が偶然であったこと，または，事故は偶然でなくても結果として発生した傷害が偶然であったことのいずれか，あるいはその両方をいう。事故の外来性とは，傷害の原因が身体の外からの作用によることをいい，多くの疾病は対象としていない。傷害保険は，生活上，通勤途上，業務中，旅行中など日常のあらゆる傷害を対象とする普通傷害保険や，海外渡航中の傷害と疾病を対象とする海外旅行傷害保険，交通に関わる傷害を対象とする交通事故傷害保険などがある。また，企業・組織がその従業員が業務中および通勤中に負う傷害を対象とする団体傷害保険もあり，福利厚生制度のひとつとして企業・組織によってしばしば利用される。

② 所得補償保険

　所得補償保険は，被保険者が傷害または疾病により就業不能となった場合に失われた所得を補償する保険であり，就業不能保険とも呼ばれる。個人事業者や，パートナーシップ形態をとる企業・組織の経営者にとって，自らの就業不能は，直接収入の途絶につながるため，所得補償保険により，そのような事態に備えることができる。

第Ⅱ部　リスクファイナンスの種類と機能

③　医療保険

　医療保険は，被保険者が傷害や疾病により医療サービスを受けた場合に，保険金が支払われる保険であり，医療保障保険や医療費用保険という名称のものもある。具体的には，被保険者が入院した場合に支払われる入院保険金，手術を受けた場合の手術保険金，退院した際の退院保険金，治療のために引き続き通院した場合の通院保険金などが支払われる。また，入院諸費用保険金として，差額ベッド代，付添費用，介助費用，交通費などの諸費用について支払われるものや，高度先端医療を受けた場合その費用負担分について高度先進医療費用保険金が支払われるものもある。また，がんを対象としたがん保険や，それに急性心筋梗塞および脳卒中を加えたいわゆる三大疾病保険など，特定の疾病のみを対象とする医療保険もある。

(3)　損害保険

　損害保険のなかにも，人身損失リスクを対象とした保険がある。自動車保険に含まれる**搭乗者傷害保険**や**人身傷害補償保険**は，自動車の運転者やその同乗者自身が，自動車事故やその他の事故により傷害を負ったり，後遺障害となったり，死亡したりするリスクを対象にした保険である。同様に自損事故や無保険車による事故などのように，事故の相手方に賠償請求ができないような場合の人身損失は，自損事故保険や無保険車傷害保険によりカバーされる。経営者自身や従業員が業務上自動車を運転する機会のある企業・組織は，自動車保険契約にあたって後に述べる対人・対物賠償責任保険などとセットでこれらの保険も契約することができる。

　以上のような人身損失リスクを対象とした保険は**図表３－４**のとおりまとめられるが，生命保険はそのすべてが，また傷害疾病保険はその多くが，保険契約締結時に支払われる保険金を予め**保険金額**として設定し，保険事故が発生すれば実際の損失にかかわらず，保険金額に基づいて保険金が支払われるという**定額給付方式**が採用されている。これは，個人の生存・死亡・傷害・疾病に関わる損失の客観的評価が容易でないことなどの理由によるが，企業・組織は，

図表3−4　人身損失リスクを対象とする私的保険

保険の種類		主な保険商品
生命保険	死亡保険	定期保険，終身保険
	生存保険	個人年金保険，学資保険
	生死混合保険	養老保険
傷害疾病保険	傷害保険	普通傷害保険，海外旅行傷害保険，交通事故傷害保険
	所得補償保険	所得補償保険，就労不能保険
	医療保険	医療保険，がん保険，三大疾病保険
損害保険	自動車保険	搭乗者傷害保険，人身傷害補償保険，自損事故保険，無保険車傷害保険

　自らの人的資源に人身損失が発生した場合に必要な金額を見極め，保険金額を設定し，これらの保険を利用する必要がある。

4．財物損失・賠償責任損失リスクと私的保険

　財物損失リスクと賠償責任損失リスクは，損害保険によって対処することができる。損害保険は，火災保険，地震保険，自賠責保険，自動車保険および賠償責任保険など多様な保険の種類を含むが，共通して偶然の事故に関わるリスクを扱うものである。以下では，これらの各種損害保険について見ていく。

(1) 火災保険

　偶然の事故によって，建物，設備・什器，商品・製品，屋外設備装置に生じる損害に対して保険金が支払われる保険が**火災保険**であり，企業を対象としたものとしては企業財物保険などの名称も付けられている。対象となる保険事故には，火災だけでなく，落雷，爆発，破裂，風災，雪災，雹災など多様な事象が含まれる。また，契約締結時に，水災，給排水設備の破損による水濡れ，電気設備の破損，労働争議，車両や航空機の衝突，盗難，電気設備の破損などに

45

第Ⅱ部　リスクファイナンスの種類と機能

よる損失も，保険金支払いの対象に加えることもできるが，それだけ払い込む保険料も高額となる。

　企業が財物に保険を付す際には，保険の目的となる財物の価値に基づいて保険金額を設定しなければならない。この際の財物の価値は，**保険価額**と呼ばれ，時価額や新規調達価額などの基準により評価するが，第10章のリスクエクスポージャの認識において詳しく述べるように，損失発生後に早期の事業再開を目指すためには，新規調達価額などに基づいて評価すべきであろう。

　保険金は実際に発生した損失に基づく**実損填補方式**により支払われるが，たとえば50パーセントや80パーセントといった付保割合を予め定め，一部保険とすることもできる。企業・組織は，積立金などによるリスク保有のキャパシティや，払い込む保険料の水準を見極め，付保割合を選択する必要がある。

(2)　地震保険

　地震のリスクは，次章で詳しく分析するように，保険契約間で損失発生の相関が高く，また期待損失に関するパラメータ不確実性も高い。このため，保険で処理しにくく，火災保険において対象外となっている。しかし，わが国においては，いつどこであっても大規模地震が起こり得るため，企業・組織は，別途保険を手当てしなければならない。

　個人事業者などで，事務所や店舗を設けた建物の一部を，住居として使用している場合は，住居用建物向けの**地震保険**を，その建物を保険の目的とした火災保険を主契約として，それに付帯することができる。これにより，地震，噴火および津波を原因として建物や生活用の家財が損壊，埋没または流失した場合の損失に対して保険金が支払われる。しかし，地震保険の保険金額は，主契約である火災保険の保険金額の30～50パーセントの範囲で定め，建物については5,000万円，家財については1,000万円の限度額が設けられている。このため，保険契約者にとって地震保険の保険金は，当座の生活の必要に充てることはできても，建物の修理・修繕・建替えのために十分な資金をまかなうものではないと言わざるを得ない。

事務所や工場，倉庫，店舗などの専用の建物を所有したり使用したりしている多くの企業・組織にとっては，住宅用建物を対象とした地震保険を付すことはできない。したがって，火災保険契約に地震リスクを対象とした**地震危険補償特約**などを付帯する必要がある。これにより，地震や噴火による火災や破裂，爆発，津波などを原因として被った損失に対して，保険金が支払われる。しかし，地震リスクの保険可能性の低さから，こうした特約が常に入手可能とは限らず，第7章で取り上げるカタストロフィボンドなどの代替リスク移転についても検討する必要がある。

(3) **自賠責保険**

自動車事故を自らの過失により引き起こし，被害者に対して賠償責任を負うリスクを対象とした保険が，**自賠責保険**（自動車損害賠償責任保険）である。これは，自動車事故被害者の救済と自動車運送の健全な発展を目的とした**強制保険**であり，自動車を使って事業を行う企業・組織は必ず付さなければならない。しかし自賠責保険は，自動車を運行することによって生じた人身事故による対人賠償責任の負担のみを保険金支払いの対象としている。さらに，保険金には支払限度額が設けられており，死亡の場合，被害者1名につき3,000万円まで，後遺障害の場合，その障害の程度に応じて75万円から4,000万円まで，さらに傷害の場合，被害者1名につき120万円までしか支払われない。これは，被害者救済という社会的目的を持つ自賠責保険が，リスク細分化を制限し，内部補助を許容した保険料としているいっぽうで，低リスク者の無保険化を防ぐには，補償を必要最低限に抑え保険料を低廉化する必要があることも理由の一つである。このため，自動車事故の賠償額が数億円にもなる現状においては，自賠責保険のみでは十分対処し得ず，次に述べる任意保険の自動車保険も利用すべきである。

(4) **自動車保険**

自動車事故に関わる賠償責任損失リスクと財物損失リスク，さらに人身損失

第Ⅱ部　リスクファイナンスの種類と機能

リスクに包括的に対処する保険が**自動車保険**である。これに含まれる**対人賠償責任保険**は，自動車事故により賠償額が自賠責保険の保険金限度額を超えた場合に，その超過分に対して保険金を支払うとともに，自動車の運行だけでなく所有，使用または管理に起因した爆発などによる対人賠償責任も対象にしている。また，**対物賠償責任保険**は，自動車相互の衝突や，建物への衝突などで他者の財物に損失を与えたことにより対物賠償責任を負担するような場合に備える保険である。保険金額は任意に設定可能であるが，頻度は極めて低いものの高額の賠償額を請求されるおそれがあることを考慮すれば，対人・対物賠償責任保険ともに保険金額を無制限に設定するほうが安全であろう。高額損失事故は，強度は極めて高いものの，その頻度は十分に低く，そのことを反映して保険金額を無制限としても，追加的保険料はそれほど高額とはならない。

自動車自体が損傷を受ける財物損失リスクは，**車両保険**によってカバーされる。これにより，衝突や接触，墜落，転覆，他物の落下，火災，盗難などによって被保険自動車が受けた損失に対して，保険金が支払われる。

前述のとおり自動車保険には，さらに人身損失リスクを対象とした搭乗者傷害保険などもパッケージ契約のなかに加えることができる。

(5) 賠償責任保険

企業・組織が直接的または間接的に取引関係にある当事者に対して負う賠償責任のリスクを対象としたものが，**企業賠償責任保険**である。企業・組織が所有，使用または管理する店舗や事務所などの施設の構造上の欠陥や管理上の不備によって生じた事故，企業が行う生産，販売，サービス提供などの業務中の事故，建築・設備工事など請負業務の遂行中の事故などによって第三者が損失を被ったり，製造した製品の欠陥によって顧客などが傷害を負った場合などの**生産物賠償責任**を負ったりした場合に，保険金が支払われるものである。また，名誉毀損やプライバシーの侵害などの人格権侵害により賠償責任を負う場合も対象とできる場合がある。

また，株式会社の経営者は，適切な経営行動をとらず株価が下落したような

場合，株主に対して賠償責任を負うおそれがある。このようなリスクを対象とした保険が，役員賠償責任保険とも呼ばれる**経営者賠償責任保険**である。また，会計士事務所や弁護士事務所にとっては，業務の遂行に伴い顧客に対して負う賠償責任リスクに備え**専門職業人賠償責任保険**が利用可能である。医療機関が医師の医療過誤により負う賠償責任を対象とした医師賠償責任保険も，専門職業人賠償責任保険のひとつである。また，事業活動に伴い，騒音や土壌汚染などを引き起こし，賠償責任を負うことに備える保険として，**環境汚染賠償責任保険**が利用可能である。

　これらの企業・組織の財物損失リスクと賠償責任損失リスクを対象とした損害保険は，図表３−５のとおりまとめることができる。これらのうちとくに火災保険，地震危険補償特約，そして企業賠償責任保険に関しては，企業・組織の事業の内容，規模，活動地域など，個別の状況に応じてカスタマイズされるものである。このため，契約締結に際しては，企業・組織は自らのリスクエクスポージャの実態を予め詳細に把握するとともに，保険会社や保険仲介人から，工場，倉庫，事務所，店舗などの現地調査を受け入れ，ともにリスク分析を行い，契約設計を行っていく必要がある。

図表３−５　財物損失リスクと賠償責任損失リスクを対象とする私的保険

	保険の種類	主な対象リスク
損害保険	火災保険	火災，落雷，爆発，破裂，風災，雪災，雹災などによる財物損失リスク
	地震保険，地震危険補償特約	地震，噴火，津波による財物損失リスク
	自賠責保険	自動車事故による対人賠償責任損失リスク
	自動車保険	自動車事故による対人賠償責任損失リスク，対物賠償責任損失リスク，車両の財物損失リスク，搭乗者の人身損失リスク
	賠償責任保険（企業賠償責任保険，経営者賠償責任保険，専門職業人賠償責任保険，環境汚染賠償責任保険）	施設の使用・管理，業務遂行に関わる賠償責任損失リスク，生産物賠償責任損失リスク，役員賠償責任損失リスク，専門職業人賠償責任損失リスク，医療過誤リスク，環境汚染賠償責任損失リスク

第Ⅱ部 リスクファイナンスの種類と機能

5．まとめ

　保険は，純粋リスクの移転者としての保険契約者と，その引受者としての保険会社などの保険者との間で交わされるリスク移転契約であり，契約締結に際して保険契約者は保険者に対して保険料を支払い，事故発生時には前者に対して後者が保険金を支払うものであった。また，保険者は，プーリングアレンジメントをとおしてリスク分散を行い，保険契約者の純粋リスクを引き受けることができた。公的保険は，個人に基本的な生活保障を提供し社会的安定を確保することを目的としているが，従業員の公的保険の加入および保険料負担や，福利厚生制度設計に関連して，企業・組織にとっても重要なものであった。また，私的保険には，人的損失リスクを対象としたものとして，生存保険，死亡保険などの生命保険や，傷害保険や医療保険などの傷害疾病保険が，財物損失リスクと賠償責任損失リスクには，火災保険，地震保険，自賠責保険，自動車保険，企業賠償責任保険などの損害保険が利用可能であった。私的保険は，企業・組織が自らのリスクファイナンスのために主体的に利用しなければならず，その種類と内容を十分理解する必要がある。

確認と議論

1．保険会社が保険契約者からリスクを引き受けることができるのは，どのようなメカニズムを利用しているからだろうか。

2．一部保険契約の自己負担額の設定方法には，どのようなものがあるだろうか。

3．生命保険は定額給付方式で，損害保険は実損填補方式で支払われることに，合理的理由があるだろうか。

4．火災の煙による窒息や，一酸化炭素中毒は，傷害保険の保険金支払いの対象となるだろうか。

第4章 保険の価格と保険市場

　企業・組織が保険によりリスクファイナンスを行うためには，保険契約の構造とそのリスク移転機能，そしてどのような種類の保険がどのようなリスクを対象にし，どのような保険金を支払うのかを理解すると同時に，保険の価格である保険料をどのように評価すべきなのか，また保険市場への参加者としてそこがどのような特徴を持つ場なのかを理解しておく必要がある。そこで本章では，保険料の構成要素と保険料算出の仕組み，そして保険市場における情報不完全性とそれにより引き起こされる問題と，リスクの保険可能性への影響について分析する。

KEY WORD

価値循環の転倒性　純保険料　付加保険料　期待損失
期待効用関数　リスク回避性　公正保険料　支払能力
保険可能性　サーチコスト　モニタリング
シグナリングコスト　相関　パラメータ不確実性
逆選択　インセンティブ　モラルハザード
均一保険料　加入強制　スクリーニングコスト

第Ⅱ部　リスクファイナンスの種類と機能

1. 保険の価格

(1) 保険における価値循環の転倒性

　前章では保険契約の構造を見たが，保険加入者・契約者が支払う保険料はどのように決まるのであろうか。保険が，他の多くの商品やサービスと顕著に異なる特徴は，保険契約時に，その原価が確定していない点である。通常，商品やサービスは，それらの販売に先立って，原材料費や製造に必要な人件費と物件費がほぼ確定される。いっぽう保険の原価には，将来保険事故が発生した時に支払われる保険金や，保険契約の引受け，維持，保険金支払いなどプーリングアレンジメントを管理していくため必要な保険会社の諸経費や，万一保険金支払いのための資金が不足した場合の証券発行などのための資金調達費用が含まれる。保険金は，いうまでもなく保険契約時には確定していないが，同様に，保険会社の諸経費や資金調達費用も，保険契約締結時にすべてが確定しているわけでない。このように保険の原価が事後的に確定することは，保険における**価値循環の転倒性**と呼ばれ，このために保険の価格である保険料は，予測に基づいて算出せざるを得ない。

(2) 保険料の算出

　保険会社は保険料の算出にあたって，図表4-1のとおり保険料を，保険金の原資となる保険料の構成要素である**純保険料**と，保険会社の諸経費や資金調達費用に充てられる構成要素である**付加保険料**にわけて，それぞれ予測する。
　純保険料の算出のためには，将来支払う保険金の額を予測しなければならな

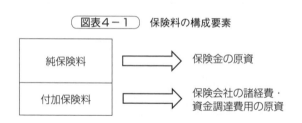

図表4-1　保険料の構成要素

い。保険金は，保険契約者が被るであろう損失補填に充てられることから，将来の損失の予測値である**期待損失**を計算することになる。期待損失は，第11章のリスクの測定のなかで詳しく分析するように，事故の発生確率と実際に発生した際の損失の額の積により，求めることができる。事故の発生確率は，保険契約数に対する事故発生件数の割合で求めることができ，しばしば単に頻度と呼ばれる。また，損失の額は，強度とも呼ばれる。したがって，単純化して示せば，期待損失と，事故の頻度および損失の強度との関係は以下のとおりとなる。

期待損失＝事故発生件数／保険契約数×損失の額
　　　　＝事故の頻度×損失の強度

保険会社は，こうして求めた期待損失を，予測される保険契約数で除すことにより，1契約あたりの純保険料を算出することができる。同様に，付加保険料についても，将来の諸経費や資金調達費用を予測して，保険契約1件当たりの金額を計算することで，求めることができる。

保険会社は，将来の事故の頻度，損失の強度，そして諸経費や資金調達費用を，過去の統計情報に基づき予測しなければならないが，これには，常に不確実性を伴う。将来予測の不確実性を縮小する一つの方法が，可能な限り多くのサンプルを収集し，統計を編纂することである。保険会社は，前に述べた保険のプーリング効果を高めるために，数多くの保険契約を引き受け，保険契約ポートフォリオを構成する必要があるが，このことは同時に将来予測の不確実性を縮小することにもつながる。その仕組みは，大数の法則や中心極限定理に基づき理解することができるが，これについては，第9章で取り上げる内部リスク縮小の情報投資において詳しく分析する。

(3) **保険料の公正価格**

保険会社は以上のような期待損失に基づいて純保険料を求め，それに諸経費，

第Ⅱ部 リスクファイナンスの種類と機能

資金調達費用などを自らの予測値に基づく付加保険料を上乗せして、保険料を算出するが、それは保険契約者に常に受け入れられるものだろうか。たとえば企業・組織が、かりに保険に入らずリスク保有をしようとした場合、起こり得る損失に備え用意すべき貯蓄や積立金の金額は、期待損失の変動性を考慮しなければ、期待損失と同額でよい。この企業・組織の期待損失が、保険会社の保有する保険契約ポートフォリオと同じ水準であれば、それを反映した純保険料に付加保険料が加算された金額が保険料となる。このため、企業・組織にとっては、リスク保有を行ったほうが、保険に入るより少ない費用負担ですむことになる。しかし、現実には多くの企業・組織は付加保険料を含んだ割高な保険料を支払っても、保険に入る場合が多い。

このような傾向を分析するために、個人の保険契約者を前提として考えてみたい。個人の満足の度合いを示す指標が効用であることは、第1章において述べた。効用は様々な要素から影響を受けるが、財産もその一つである。個人の効用は、財産が増えれば上昇し、それが減れば下降する。**図表4－2**は、効用と財産の関係を示した**期待効用関数**である。期待効用関数は、対数関数などによりしばしば表されるが、同図表からわかるように効用は、財産の増加に対し

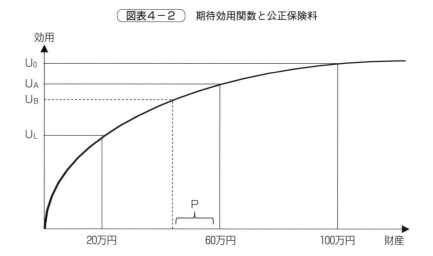

図表4－2　期待効用関数と公正保険料

第4章　保険の価格と保険市場

て逓減的に増加する。言い換えれば，直感的にも理解されるように，財産が少ない状態での財産の増加は，効用を大きく引き上げるが，財産が十分にある状態に同じ額だけ財産が増加しても，効用はそれほど大きくは上昇しない。また，個人は財産が増加することより，同じ額だけ財産が減少することのほうを，より重く受け止めるといえる。このようなリスクに対する態度を，**リスク回避性**という。

たとえば図表4－2のような期待効用関数を持つリスク回避者が，今後1年間に50パーセントの確率で事故に遭い80万円の損失を被り，その財産が100万円から20万円に減少するという純粋リスクにさらされているとしよう。この場合の期待損失は，事故の頻度0.50×損失の強度80万円＝40万円と求めることができ，これが純保険料となる。したがって，保険料が40万円であれば，この個人はすすんで保険に入り財産が60万円に減ることを受け入れると考えられる。

その場合，効用はどのように変化するだろうか。無事故で財産が100万円の場合の効用はU_0で，事故により財産が20万円に減った場合の効用はU_Lと，そして純保険料を払い込むことで財産が60万円になったときの効用はU_Aと，それぞれ示される。保険料を支払った後の財産60万円のときの効用U_Aは，保険契約締結前後の効用水準の中間点であるU_Bより高い位置にある。したがって，この個人は効用がU_Bに低下するまで，財産の減少をなお許容すると考えられる。このことから，同図表の財産軸に示したPの範囲においては，付加保険料を追加的に支払うことを受け入れるといえる。こうして求められた期待損失にPで示される金額を加算した保険料を**公正保険料**といい，リスク回避者であれば，この水準の保険料をすすんで支払うと期待できる。

企業・組織は，個人ほど本質的にリスク回避的ではないかもしれないが，第13章で詳しく分析するように，リスクには様々な費用がかかることを認識しているとすれば，同じようにリスク回避的な行動をとると考えられる。したがって保険会社にとっては，潜在的な保険契約者に受け入れられるために，公正保険料の範囲内で，付加保険料を含んだ保険料を提示する必要がある。また，保険契約者にとっては，公正保険料を超えない水準の保険料であれば，それを支

払っても期待効用が低下しないと考えることができる。

2．保険市場の情報不完全性

　保険によるリスク移転の機能と構造，保険料の構造と併せて，保険市場の特徴に関する理解も，企業・組織がリスクファイナンスを行ううえで重要である。以下に述べるように，保険市場には，保険会社の支払能力に関する情報，保険料に関する情報，そしてリスクエクスポージャの実態に関する情報に関して不完全性，そして取引当事者間の不均衡が存在し，保険取引に非効率をもたらしている。これらの情報の不完全性を緩和するために，保険料率など契約上の工夫や，規制による公的介入が行われている。しかし，それでもなお十分緩和できないようなリスクエクスポージャに対しては，保険が存在しないか，保険によるカバーが限定される場合があることを，企業・組織は認識しておく必要がある。

(1) 保険会社の支払能力に関する情報

　保険会社の**支払能力**は，不適切な保険料設定，過度な保険契約引受けの伸び，リスクテイキングな投資，**保険可能性**の低いリスクエクスポージャの引受け，そして資産価値の下落など，多様な要因によって損なわれる。保険契約者は，保険会社の支払不能の要因となるこのような保険会社の経営実態や市場動向に関する情報を得たうえで，保険会社の選択しようとすれば，多大な**サーチコスト**を負担しなければならず，それでもなお完全情報を得ることはできないだろう。また，保険契約締結後も，保険契約者が保険会社の財務状況をつぶさに**モニタリング**し続けることも，困難である。場合によっては，保険契約者が自らの支払能力に関して情報劣位にあることを認識する保険会社の経営者は，敢えて機会主義的な投資や保険商品販売などを行うかもしれない。

　またいっぽうで，支払能力に関する情報不均衡は，保険会社自身にも費用を課す。保険会社は，自らの財務と経営の健全性に関する様々な情報を整備し，

第4章　保険の価格と保険市場

既存の保険契約者，そして今後保険に入ろうとする潜在的な保険契約者に公開したり説明したりしなければならず，このための費用はいわゆる**シグナリングコスト**として保険会社の負担を重くすることになる。しかし保険会社自身も，自らの支払能力に関して完全情報を持つわけではない。前節で述べたとおり保険料の算出が不確実性を伴う将来予測によって行われること，また，支払不能が不適切な経営のみならず，資産価値の下落などマクロ経済的な要因によっても起こることから，保険会社も自らの支払能力に関して完全情報を持つわけではない。

① 損失発生の相関

　保険会社が，保険可能性の低いリスクを引き受けている場合には，支払能力に関する情報不完全性は一層深刻となる。たとえば，地震や風水災などの自然災害や，大規模感染症などは，発生頻度は必ずしも高くないものの，大規模な事象が発生すれば，数多くのリスクエクスポージャに同時に甚大な損失を引き起こすことがある。このため，保険会社がこれらを引き受けていれば，保険会社の保険契約ポートフォリオに通常の予想を超える高額の損失が一度に発生する確率が高まる。

　たとえば大規模地震について考えれば，数10年から数100年に一度の周期で発生するものであれば，その頻度は必ずしも高くないため，期待損失は高額とはならないだろう。しかし，いったんそれが発生すれば広範囲な地域に影響を及ぼし，その地域において数多くの保険契約を引き受けている保険会社は，同時に多数の保険金請求を受けることになる。このため，期待損失にのみ基づく保険料算出では，それに十分備えられない。同様に，台風についても，保険会社がその影響を受けやすい地域に，財物を保険の目的とした保険契約を多く保有しているような場合に，台風が襲来して多くの財物に損失を与えれば，保険会社に対して短期間に集中して保険金請求がなされることになる。

　このように個々の保険契約の独立性が低く，保険金支払いの**相関**が高いリスクを引き受けている場合，保険会社は支払能力を維持するためには，追加的に多額の資本を保有するか，事後的に調達しなければならない。そして，そのた

57

第Ⅱ部　リスクファイナンスの種類と機能

めの資金調達費用を含む高額の付加保険料を純保険料に上乗せしなければならず，その結果保険料が保険契約者にとって購入不可能なほどに高額になるかもしれない。

② パラメータ不確実性

　大規模自然災害や感染症などのリスクは，保険金支払いの相関が高いばかりではない。これらの事象が起きる頻度が低いことは前述のとおりであるが，このことにより，保険会社は過去の損失発生に関する十分な量の情報を得ることが困難となる。たとえば大規模地震は，前述のとおり長期的周期で発生するものが多く，保険が通常対象とする小規模の火災や自動車事故などの発生回数と比べても非常に少ない。また，ある地域がこれまで大規模地震を経験していないからといって，将来も同じ傾向が続くと判断することもできない。このため，保険会社が，保険契約引受けに先立って期待損失やその変動性を予想することは不可能である。このような期待損失の確率分布の不確かさを，**パラメータ不確実性**という。パラメータ不確実性が高いリスクを引き受けた保険会社は，予想を超えて高額な保険金支払いに直面するおそれがあり，支払不能とならないために，資金調達費用を反映した高額の付加保険料でしか保険を提供できなくなる。

(2) 保険の価格に関する情報の不完全性

　保険における価値循環の転倒性についてはすでに述べたが，このような特徴は，保険契約者および保険会社の双方に情報の不完全性をもたらす。とくに保険契約者にとっては，保険料がどのような統計情報に基づき，どのような数理手法を用いて算出されたものなのかについて十分理解し，自らのリスク特性を熟知したうえで，保険会社の提示する様々な選択肢を比較することは困難であろう。かりにこのようなことが行えたとしても，多大な時間と労力といったサーチコストを負担することになるだろう。

　いっぽう保険会社は，保険料の算出を自ら行う立場にあるため，保険契約者に対して情報優位にある。しかし価格に関する情報不均衡は，保険会社にも費

用を課す。前述の支払能力に関する情報と同様に，自らが設計し，価格付けを行った保険商品の優位性に関する情報を，潜在的な保険契約者に提供するためのシグナリングコストを負担することになる。また，前に述べた大規模自然災害や大規模感染症などのリスクは，損失発生の相関が高く，かつ高いパラメータ不確実性を伴うため，これらを対象とした保険を提供する場合には，保険会社が十分な量のデータを用いて，科学的に根拠のある手法で保険料率算出を行ったとしても，保険金のすべてを確実にまかなえるとは限らない。このように，保険の価格に関して，保険契約者より情報優位にある保険会社自身も，情報の不完全性に直面しているといえる。

　以上のように，保険会社の支払能力と保険の価格に関する情報不均衡が，保険契約者はモニタリングコストやサーチコストを，保険会社はシグナリングコストを，それぞれ追加的に負担しなければならなかった。さらに**図表4－3**に示したように，これらに関する情報不完全性は，保険会社が，損失発生の相関またはパラメータ不確実性の高いリスクエクスポージャを引き受けることにより一層深刻化し，その結果，保険が存在しないか，限定的にしか提供されない。

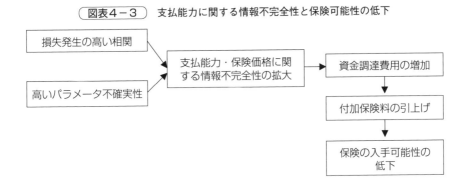

図表4－3　支払能力に関する情報不完全性と保険可能性の低下

(3) リスクエクスポージャの実態に関する情報の不完全性

　保険会社の支払能力および保険の価格に関する情報については，保険契約者が保険会社に対して情報劣位にあったのに対して，リスクエクスポージャの実

第Ⅱ部　リスクファイナンスの種類と機能

態に関する情報については，保険会社が情報劣位となる。保険契約者は自らのリスクの実態に関して比較的容易に知り得るいっぽうで，保険会社は，保険の対象となる被保険者または保険の目的のリスク実態に関して低費用で精度の高い情報を得ることはできない。たとえば，医療保険を引き受けようとするとき，被保険者の年齢などの要素は容易に知りえたとしても，被保険者の疾病罹患歴や生活習慣，さらには遺伝的特徴など，その健康状態を左右するような要素を，外見から十分に知ることはできない。これらの情報を低費用で入手できなければ，保険会社は疾病リスク実態の異なる被保険者に対して，同一の保険料で同一の保障を提供することになるかもしれない。

① 逆選択

　リスクエクスポージャの実態に関する情報不均衡は，どのような非効率をもたらすだろうか。まず保険契約締結前には，リスクの高い保険契約者だけが保険に入ろうとする**逆選択**の問題が引き起こされる。逆選択は，より高リスクの当事者のほうが，より低リスクの当事者より，保険によるカバーを高く評価し，保険に入る**インセンティブ**を持つことによって引き起こされるものであり，当事者の経済合理的な意思決定と行動の結果である。

　しかし，保険会社が，潜在的保険契約者のリスク実態を見極められないことにより，すべての契約申込者に対して，内部補助による同一の保険料すなわちプール保険料を適用すれば，その保険は高リスク者にとっては割安に，低リスク者にとっては割高となる。その結果，高リスク者ばかりが保険に入り，保険契約ポートフォリオは高リスク者ばかりで構成されることになる。その結果，予定した金額より多くの保険金が支払われれば，それを反映して次期の保険料は引き上げられ，それでもなお割安と感じるさらにリスクの高い当事者しか保険に入らない。このことが繰り返されれば，保険の仕組みが成り立たなくなる。

② モラルハザード

　リスクエクスポージャの期待損失は，保険期間中に保険契約者または被保険者が，どのような行動をとるのかにより左右される場合がある。たとえば，自動車保険に関してみれば，保険契約者が日々どのように安全運転の努力を行っ

第4章　保険の価格と保険市場

ているのかにより，また，前に挙げた医療保険について見れば，被保険者が食事や運動などを含めた生活習慣により，期待損失は影響を受ける。しかし保険会社は，保険契約者や被保険者の行動を常にモニタリングできる立場にないため，十分な情報を得ることはできない。

いっぽう行動の主体である保険契約者や被保険者は，自らの自動車使用状況や生活習慣をコントロールできるが，事故が発生しても損失の全部または一部に対して保険金を受け取れる立場にあるため，意識的あるいは無意識的に損失が増加する方向に行動を変化させるかもしれない。このような保険契約締結後にリスク移転者の行動が，期待損失を増加させる方向に変化することを**モラルハザード**という。たとえば，自動車保険契約者が，保険による安心感により運転中の不注意が増えたり，医療保険の被保険者が，無意識のうちに健康維持のための努力を怠るといったような事象が挙げられる。これらの軽微な安全努力水準の低下は，極端なケースを除いて，保険契約者の経済合理的な行動であり，非難されるものではないが，それが集積されれば，逆選択の場合と同様に，保険会社の保有する保険契約ポートフォリオ全体の期待損失が上昇し，それを受けて保険料も引き上げられる。保険料が引き上げられれば，保険契約者はさらに安全努力を低下させてしまうかもしれず，ひいては保険の仕組みが破綻することになる。モラルハザードのより詳細なメカニズムについては，第11章のリスク移転の費用分析において見ていく。

以上のような逆選択とモラルハザードが顕在化するメカニズムをまとめると，**図表4－4**のようになるが，保険会社は，逆選択とモラルハザードを低費用で緩和できなければ，保険の提供を制限したり，取り止めたりすることにより，保険の入手可能性が低下するおそれもある。

3．公的保険の情報不完全性への対処

(1)　保険者の支払能力の確保

社会の安定と一体化を目的とした公的生活保障制度を構成する公的保険につ

第Ⅱ部　リスクファイナンスの種類と機能

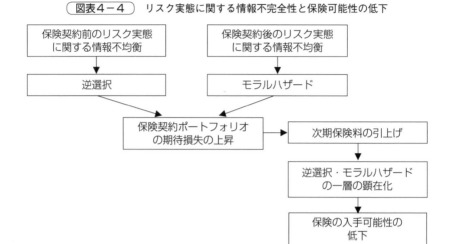

いては，私的保険市場のように取引当事者が自由に意思決定し行動する市場が存在するわけではない。しかしながら，保険契約と同様の構造と機能を持っていることにより，やはり情報の不完全性の問題が潜在している。公的保険においては，これにどのように対処しているのだろうか。

　保険者の支払能力に関する情報不均衡に関しては，保険の運営主体を政府または公的機関とすることにより縮小していると見ることができる。公法人を運営主体とすることで，租税収入を財源の一部に充てることが容易となり，保険者の支払能力の維持につながる。また，たとえば公的医療保険においてコインシュアランスによる加入者の自己負担を課したり，先進医療を保障対象外としたり，また，雇用保険において給付金の金額と給付期間を制限したりすることなど，保障内容を基本的な範囲に止めていることも，支払能力の確保に貢献している。しかし，少子高齢化や雇用の不安定化が進むなか，将来もこれらの対処方法で十分かどうかは，不確実と言わざるを得ない。

(2) 適正な保険料水準と保険料体系の確保

所得再分配の機能を持つ公的保険は、保険加入者のリスクエクスポージャの実態にかかわらず、所得に連動した保険料が適用される。このことは、保険の価格に関する情報不完全性と不均衡の問題を緩和するものである。個々の保険加入者のリスク水準に関わりなく、所得に応じて均一の保険料を徴収し、均一の保障または補償を提供することによって、保険加入者は、多様な選択肢のなかから、最適な価格で最適な保障・補償を得るための時間や労力といったサーチコスト負担を免れる。**均一保険料**と均一保障・補償はいっぽうで、大規模な内部補助を許容していることとなり、低リスク者の公的保険からの離脱を誘引するという逆選択の問題を引き起こしかねない。

(3) 逆選択とモラルハザードの緩和

保険加入者の逆選択の問題は、公的保険の対象者に加入を義務づけることによって防いでいる。公的保険の**加入強制**はまた、保険加入者ポートフォリオの規模が最大化し、規模の経済による運営費用の節減にも貢献している。しかしながら、これを確実なものとするためには、未加入者の**スクリーニングコスト**などの費用がかかることは言うまでもない。このため前に述べたように、公的医療保険などにおいて保障内容を最低限に止めることで、低リスク者であっても払込みを躊躇しない程度に保険料を低廉化するなどの措置が必要である。また、保障内容の制限は、モラルハザードの緩和にも効果を持つといえる。たとえばコインシュアランスによる自己負担が課せられている公的医療保険の加入者は、健康維持の努力水準を大きく低下させることはないであろう。しかしいっぽうで、過度の自己負担は、必要な生活保障を公的保険のみでは得られないというベーシスリスクに保険加入者をさらすことになり、その結果、社会の安定を目指す公的保険の本来の目的を損なうことにもなりかねない。

(4) 公的保険の限界と私的保険の必要性

以上のような公的保険は、様々な制度設計上の工夫により、そこに潜在する

第Ⅱ部　リスクファイナンスの種類と機能

情報不完全性，不均衡の問題を緩和していた。しかし，租税による財源確保，均一保険料の適用，加入強制などの工夫は，いっぽうで公的保険の保障または補償の限定を伴って行わざるを得ない。したがって，個人が公的保険のみにより純粋リスクに対処することは不可能であり，これに上積みして私的保険を，自ら選択して利用することが求められる。

　公的保険は，個人にとって重要であるとともに，企業・組織にとっても無関係ではないことは，前章において述べたとおりである。企業・組織は，従業員の公的医療保険加入および保険料負担に直接関与するとともに，雇用契約上の福利厚生制度設計に際しても公的保険を考慮しなければらない。優秀な人材の確保と生産性向上のためにも，企業・組織経営者は，公的保険の目的，機能，保障・補償内容と限界に関して十分理解したうえで，私的保険の利用を検討すべきであろう。

4．まとめ

　本章では，保険の価格である保険料と，保険市場の特徴を見てきた。保険の価格に関しては，保険料を構成する純保険料と付加保険料がどのように算出され，その水準がどのように評価できるのかを，リスク回避者の期待効用関数に基づく公正保険料の概念を用いて分析した。さらに，保険市場の特徴に関しては，保険会社の支払能力，保険料，そしてリスクエクスポージャの実態に関して情報の不完全性，当事者間の不均衡が存在し，これにより逆選択やモラルハザードの問題が潜在するため，どのような純粋リスクに対しても保険が入手可能であるとは限らないことが明らかとなった。公的保険は，これらの情報不完全性・不均衡に，租税による財源確保，均一保険料の適用，加入強制などで対処しているものの，そのためには保障・補償内容を制限せざるを得ず，私的保険との機能分担が不可欠であった。次章においては，私的保険市場において，保険契約設計上の工夫や，規制による公的介入により，これらの情報不完全性・不均衡の問題にどのように対処しているのかを見ていく。

第 4 章　保険の価格と保険市場

確認と議論

1. リスク中立的な当事者とリスク選好的な当事者の，自らの財産に関する期待効用関数は，どのような形状になるだろうか。リスク中立者とリスク選好者は，保険に入るだろうか。

2. 保険会社が，支払能力を維持するために，どのような性質のリスクエクスポージャで保険契約ポートフォリオを構成すべきだろうか。

3. 自動車事故のリスク実態を把握するため，保険会社が確認すべき運転者の特徴は何であろうか。それは低費用で確認可能だろうか。

4. 公的医療保険や雇用保険の保障内容が十分に手厚くない理由には，財源確保が容易でないことの他に，どのようなものが挙げられるだろうか。

第5章 保険市場の情報補完

　保険は，企業・組織にとって最も広く利用されているリスクファイナンスの方法であるが，保険会社の支払能力，保険料，そしてリスクエクスポージャの実態に関して情報の不完全性があるために，すべての純粋リスクが保険により対処可能であるとは限らないことは前章で分析したとおりである。しかし，現実の私的保険市場においては，保険契約に様々な工夫を施したり，規制により公的介入を行うなどして，情報不完全性を緩和している。本章では，保険市場における情報不完全性が，どのように緩和され，それが保険の価格やカバーの内容にどのような影響を及ぼしているのかを，私的保険を中心に見ていく。

財務規制　　ソルベンシーマージン比率　　保険料率規制
事前認可　　参考純率　　基準料率　　保険契約者保護機構
市場規律　　格付け情報　　再保険取引　　リスク細分化
アンダーライティング　　経験料率　　コインシュアランス
控除免責金額　　リスクコントロール・サービス

第Ⅱ部 リスクファイナンスの種類と機能

1. 保険会社の支払能力の確保

　保険会社の支払能力に関して，保険契約者が必要な情報を低費用で入手することは困難であることは前章において述べた。しかも，支払能力が，保険料設定や資産投資など保険会社の経営行動によるものばかりでなく，マクロ経済情勢や大規模災害の発生など，外的な要因からも影響を受けるため，保険会社自身も，不完全な情報しか持ち得ない。支払能力に関する情報不完全性の問題を何らかの方法で緩和しなければ，前章で見たような様々な追加的な費用負担を保険契約の当事者に課すことになる。しかし，現実の市場においては，以下に挙げるように規制による公的介入や再保険取引などにより，この問題を縮小しようと試みられている。リスクファイナンスを保険により適切に行うためには，これらの仕組みについても理解しておく必要がある。

(1) 財務規制

　財務規制は，保険会社の財務健全性を維持し，支払能力を確保するために行われる公的介入である。財務健全性を評価するためにわが国で用いられる指標が，**ソルベンシーマージン比率**である。これは，予測を超える保険金支払いに備えて，保険会社が自己資本をどの程度確保しているのかを示す比率であり，以下のような算式で計算される。

$$\text{ソルベンシーマージン比率} = \frac{[\text{資本，基金および準備金などの合計額}]}{\begin{bmatrix}\text{保険リスク，予定利率リスク，資産運}\\\text{用リスクおよび経営管理リスクを基に}\\\text{算出した額}\end{bmatrix}} \times \text{係数}$$

　保険リスクには，保険会社が引き受けている火災や賠償責任などのリスクのほか，地震や風水災など大規模自然災害のリスクも含まれている。規制当局は，ソルベンシーマージン比率に照らして，保険会社の財務状況に問題があると認められれば，保険会社に対して業務改善措置や，場合によっては業務停止措置を行うことにより，保険会社が支払不能になることを事前に防ぐ。このような

財務規制をとおして，保険会社の支払能力に関する情報不完全性を補完し，保険契約者の保険会社選択を容易にしているといえる。

(2) 保険料率規制

保険料率は，保険金1,000円当たりの保険料のことを指すが，保険会社は自社の保険商品の保険料率算出にあたり，厳格な規制を受ける。**保険料率規制**は，保険料率が，合理的な方法により計算され，妥当な水準であり，かつ不当に差別的でない体系を備えているという3つの要件を満たしていることを求めている。これらのうち合理的であることと，妥当であるという2つの要件は，保険料率が科学的な方法で計算され，保険契約者にとって購入が可能であり，かつ保険会社が健全に経営を行い得る水準であることを意味し，これらを満たすことにより保険会社の支払能力を確保するものである。そのために，わが国では，多くの保険の種類について**事前認可**の仕組みがとられている。すなわち保険会社は，自らの保険商品の販売に先立って，保険料率の計算根拠となる詳細な資料を規制当局に提出し，認可を受けることが求められている。

また，第3章で取り上げた火災保険，自動車保険および傷害保険など，個人の保険契約者が多い保険の種類に関しては，保険料率算出団体が，その会員である保険会社から収集した統計情報に基づいて，純保険料率の部分を**参考純率**として算出しており，保険会社は，自らの保険料率の基礎として使うことができる。また，保険料率算出団体は，自賠責保険と住宅用建物の地震保険については，純保険料率と付加保険料率の双方を含めた**基準料率**を算出しており，保険会社がそれを変更することなく自らの保険料率として使用することができる。これは，自動車事故という，すべての個人がさらされているリスクを対象にした強制保険である自賠責保険と，やはりすべての個人の生活の基盤である住居用建物がさらされる地震のリスクを対象とした地震保険が，安定的に供給されるため，保険会社の財務健全性を一層確実なものとする必要があるからである。

これらの保険料率規制も，保険会社の支払能力を確保し，それに関する情報不完全性を補完するものである。ただし，船舶保険，貨物・運送保険および航

第Ⅱ部　リスクファイナンスの種類と機能

空保険など，大規模企業を対象とする保険や国際取引に係る保険など専門的知識を有する事業者が契約者となる保険は，事前認可の対象となっておらず，参考純率も算出されない。このため，企業・組織はこれらの保険の種類について，保険会社が提示した保険料率について，支払能力を維持し得る水準かどうかを，自ら評価しなければならない。

(3) 保険契約者保護制度

　財務規制および保険料率規制は，保険会社の支払不能を事前に回避することで，保険会社の支払能力の情報不完全性を補完するものであった。これらの事前の措置に加え，保険会社が破綻した事態に事後的に対処するものが，セーフティネットとしての保険契約者保護制度である。この制度のもとで生命保険と損害保険のそれぞれの分野に**保険契約者保護機構**が設立され，保険会社が破綻した場合に，保有していた保険契約を他の保険会社に移転するための資金や，保険契約者への補償のための資金の援助を行っている。保険会社は同機構への加入が義務づけられるとともに，事前に拠出金を積み立てることが求められる。かりに積立金を上回る補償金支払いが必要となった場合は，同機構からの借入れで対応することにより，保険会社が支払不能となった場合でも保険契約者に支払われる保険金の削減額を最小化しようとしている。このように保険契約者保護制度も，保険会社の支払能力を関する情報不完全性を事後的に補完するものではあるが，保護対象が自動車保険と個人契約の保険に限られ，また，保険金が全額支払われない場合があることに留意する必要がある。

　以上のような公的保険規制と契約者保護制度の機能をまとめると，図表５－１のとおりとなる。すなわち財務規制と保険料率規制は，ともに保険会社の支払能力を事前に確実なものとすることにより，また，保険契約者保護制度は保険会社の支払不能に事後的に対処することにより，保険契約当事者間の情報不均衡を緩和し，保険契約者にとっては保険会社の経営実態や財務情報などの情報を収集し分析するためのサーチコストの負担を，保険会社にとっては自らの財務健全性を保険契約者につぶさに開示するためのシグナリングコストの負担

第5章 保険市場の情報補完

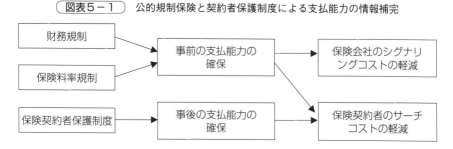

図表5-1　公的規制保険と契約者保護制度による支払能力の情報補完

を，それぞれ軽減しているといえる。

(4) 保険会社の格付け情報

　これまで見てきた財務規制，保険料率規制および契約者保護制度は，必ずしも十分に厳格で手厚いものではない。これには，そのための費用の財源としての納税者の負担増という制約があることはもちろんであるが，同時に**市場規律**の強化の意味もある。かりに極めて厳しい規制が行われたり，確実な保護を確約した保険契約者保護制度が設けられていた場合，保険契約者は，保険会社の支払能力に関する安心感から，契約に先立って保険会社の財務健全性を精査したり，契約後も注意深くモニタリングするインセンティブを低下させるかもしれない。このことを認識する保険会社の経営者は，より投機的な資産投資や保険商品販売などリスクテイキングな意思決定を行うことにもなりかねない。これにより保険会社の支払能力が損なわれれば，本来の保険規制や保険契約者保護制度の目的を十分に果たすことができないおそれがある。

　これらの公的な仕組みに代わって，保険会社の支払能力に関する情報不完全性を補完する役割を担うものとして，第1章でも触れた格付け機関が提供する**格付け情報**が挙げられる。格付け機関は，各種証券の安全性に関する格付けとともに，保険会社の財務健全性や支払能力を含む様々な視点から客観的に判断された格付け結果を提供している。格付けが高ければ高いほど，支払能力が高いことを示している。格付け機関には，ムーディーズ（Moody's Corporation）やスタンダード・アンド・プアーズ（Standard & Poor's），格付投資情

第Ⅱ部　リスクファイナンスの種類と機能

報センター，日本格付研究所などがあり，企業・組織は，これらの機関が発表する格付け情報を，前述のソルベンシーマージン比率とともに利用することで，保険会社の支払能力評価の参考とすることができる。ただし，格付け機関の運営も無費用で行い得るわけではなく，その一部に充てられるであろう保険会社からの手数料は，最終的には保険契約者の支払う付加保険料に含まれていることも認識しておくべきである。

(5)　再保険取引

　保険会社が，損失発生の相関が高い，またはパラメータ不確実性が高いリスクを引き受けた場合，保険会社自身にとっても自らの支払能力に関する情報不完全性が拡大することは，前章において分析したとおりである。大規模地震や風水災などの自然災害や大規模感染症などは，いったん発生すれば数多くの保険契約者が同時に損失を被るおそれがあるため，保険会社の収支に与える影響は大きい。これらの事象が発生した地域に数多くの契約を保有している保険会社の場合，多額の保険金支払いにより支払能力も損なわれかねない。このような事態を回避するために，保険会社は多額の保険金支払いに必要となるであろう資金調達費用を付加保険料に算入し，その結果，保険料が高額となり得る。

　しかし保険会社は，**再保険取引**を行うことで，この問題を縮小することができる。保険会社は，出再保険契約を結ぶことにより，引き受けた保険契約に潜在する巨大損失発生のリスクを，海外も含む様々な地域の複数の保険会社または再保険会社に移転することができる。反対に，自社の保有契約とは損失発生の相関の低い他社の保険契約を受再する再保険契約を結ぶことにより，最終的に保有する保険契約ポートフォリオをさらに分散させることも可能である。このように保険会社は，再保険のリスク分散機能を利用することにより，保険契約間における損失発生の相関とパラメータ不確実性が高いリスクの引受けを可能にしている。このことは，保険契約者にとっても，同様のリスクを対象とした保険契約の入手可能性が高まるという利点につながる。

　ただし現実には，再保険市場の引受能力は常に十分な水準にあるとは限らな

い。たとえば大規模自然災害が頻発し，多額の再保険金が支払われる事態となった場合，それを反映して再保険料も引き上げられたり，再保険取引が制限されたりすることがある。とくに地球温暖化の影響で極端な気象現象が繰り返し起きている現在においては，保険会社の支払能力が再保険によって確保できない可能性も高まっている。このため，企業・組織が大規模自然災害などのリスクを移転しようとする場合に，保険によるのではなく，第7章で取り上げるカタストロフィボンドなどの代替リスク移転を検討することも必要であろう。

　以上のような格付け情報と再保険取引の情報不完全性の補完機能とその効果は，**図表5－2**のようになる。すなわち，保険契約者は，保険会社の格付け情報を利用することにより，自ら保険会社の支払能力に関する情報を収集し分析するためのサーチコストを節約でき，また，保険会社による再保険取引は，その支払能力を高め，それに関する情報不完全性を緩和し，その結果，大規模自然災害などのリスクに対する保険を，保険契約者も入手しやすくなるといえる。

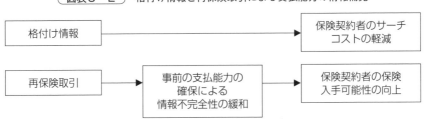

図表5－2　格付け情報と再保険取引による支払能力の情報補完

2．適正な保険料水準と保険料体系の確保

(1) 保険料率規制による保険料水準に関する情報補完

　前節で述べた保険料率規制は，保険市場におけるもう一つの情報不完全性・不均衡の問題を緩和することに役立つ。保険は，その価値循環の転倒性により，保険契約者および保険会社の双方に，保険の価格である保険料率に関して情報

第Ⅱ部 リスクファイナンスの種類と機能

の不完全性をもたらし，なかでも保険契約者は，情報劣位にあった。保険料率規制が，保険料の合理性，妥当性を求めていることはすでに述べたが，これらの要件は，科学的な保険料率計算と健全な保険会社の経営を確実にするとともに，保険料が保険契約者にとって購入が可能な水準となることも求めている。これらの要件が満たされていれば，保険契約者は，自らに適用される保険料が適切な水準であると見なすことができ，保険会社の保険料率計算過程や基礎資料にまでさかのぼり，それを精査する必要はなくなる。また，適用される保険料が，保険の対象となるリスクエクスポージャの実態に見合った水準であると判断することもでき，保険会社の複雑な保険料体系をつぶさに理解する必要もない。

(2) 保険料率規制による保険料体系に関する情報補完

　保険料率の3つ目の要件である不当に差別的でないことは，保険契約のリスク実態に見合った保険料となるような保険料体系を備えていることを求めるものである。前節で触れた保険料率の事前認可の過程においては，保険料率計算基礎とその方法とともに，どのようなリスク指標を用いて**リスク細分化**を行っているのかについても審査される。たとえば自動車保険においては，自動車の用途車種，運転者の年齢や運転歴，保険金請求歴など，使用できるリスク指標が限定されるとともに，これに基づく保険料較差も制限されている。これにより，リスク細分化が複雑になり過ぎたり，社会的に許容されない指標が使われたりすることを防いでいる。かりにリスク細分化に制限が設けられていなければ，競争圧力にさらされる保険会社は，過度なリスク細分化による複雑な保険料体系に基づく保険商品を開発するおそれもある。このことは，保険価格に関する情報不均衡をさらに深刻化させ，その結果，保険契約者には意思決定に必要となる情報収集のための重いサーチコストを課すことになる。また同時に，保険会社に対しても，複雑な保険料体系を設計し運用していくための追加的費用負担を課すことになる。たとえば，リスク細分化が，前述の自動車の用途車種など容易に確認可能な指標で行われるのであれば，そのための費用負担も軽

いが，傷害疾病保険や生命保険において詳細な病歴だけでなく遺伝情報なども用いることとなれば，そのための保険会社の費用も高額となるおそれがあり，その費用は結果的に付加保険料の一部として保険契約者にも転嫁されるかもしれない。遺伝情報などのリスク指標はまた，現在のわが国においては，社会的に許容されるものではないだろう。

　保険料率規制により，保険価格に関する情報不完全性がどのように緩和されるのかを示したものが，**図表５－３**である。保険料率規制は，保険料率の水準とその体系に関する情報の不均衡を縮小することにより，情報劣位にある保険契約者であっても適切な意思決定を可能にするとともに，保険会社のリスク細分化の費用も軽減していることがわかる。しかし保険料体系に関しては，技術の進歩によりリスク細分化の費用が軽減されることや，リスク指標に対する社会的許容度が変化することもあり得る。たとえば，自動車保険において高度な通信技術により走行距離や走行時間・場所などの情報をリアルタイムで収集し，また，医療保険において被保険者の日々の歩行距離や時間などの生活習慣を記録し，これらに基づいてリスク実態を評価し，次期保険料を決定するような新たな保険も試みられている。このような変化に伴い，保険料率規制による使用可能なリスク指標は，中・長期的には変化していくと考えられる。

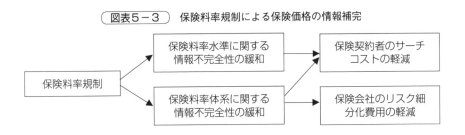

図表５－３　保険料率規制による保険価格の情報補完

第Ⅱ部　リスクファイナンスの種類と機能

3．逆選択とモラルハザードの緩和

(1)　アンダーライティング

　保険契約者はリスクエクスポージャの実態に関して情報優位にあるいっぽうで，保険会社はそれに関して情報劣位であり，このことにより，保険契約前においては逆選択が，保険契約後においては保険契約者または被保険者のモラルハザードの問題が引き起こされるおそれがあることは，前章において述べた。しかし現実の保険市場においては，逆選択とモラルハザードを低費用で緩和するために様々な仕組みが設けられている。

　保険会社が保険契約を引き受ける際には，対象となるリスクエクスポージャの実態を綿密に評価し，契約引受けの可否を判断し，引受けを可能とした場合はそのリスク実態に見合った保険料や保障または補償の内容などの契約条件を決定する。このような一連のプロセスは**アンダーライティング**と呼ばれるが，この業務は逆選択の緩和に貢献するものである。また，適切なアンダーライティングにより，保険料率算出に際して引受けを予定していたリスクエクスポージャと，実際に引き受けるリスクエクスポージャの期待損失を同程度とすることで，収支を均衡させることは，保険会社の支払能力の確保にもつながるといえる。とくに企業・組織のリスクエクスポージャは，個人のそれより規模も大きく，その内容も事業の種類や活動地域などにより多様であるため，保険会社にとってアンダーライティングはその収支に影響を及ぼす重要な業務である。このため，多くの場合，保険会社の専門の従業員が，企業・組織の工場，倉庫，事務所，店舗などに直接訪れ，それらの管理・使用状況を調査し，リスク実態の評価を行っている。

(2)　リスク細分化

　保険会社が行うアンダーライティングには，リスク実態に見合った保険料を適用するプロセスが含まれていることは前述のとおりである。この際の保険料には，一定のリスク細分化がなされている。たとえば，防火機能の高い建物の

火災保険の保険料は，そうでないものの保険料より安く設定され，また，耐震性の高い建物の地震保険の保険料にも割引が適用される。適切なリスク細分化により，低リスク者は，それに見合った低廉な保険料をすすんで支払い，保険に入ると期待でき，逆選択の問題は緩和される。

しかし前節で述べた保険料率規制は，リスク細分化に使用できるリスク指標とリスク区分間の保険料較差に制限を設けていた。過度のリスク細分化による保険契約者と保険会社の双方の追加的な費用負担を避けることを目的としたこのような制限は，いっぽうで保険契約者間の内部補助を部分的に許容することにもつながる。このため，使用可能なリスク指標の過度に厳格な制限は，必ずしも適切ではないといえる。

(3) 経験料率

保険契約者が保険契約締結後に安全努力水準を低下させるというモラルハザードの問題は，**経験料率**を採用することで緩和することができる。経験料率は，保険金請求の有無およびその金額などにより，次期の保険料に割引または割増が適用される仕組みである。事故を起こさず保険金を請求しなければ，将来の保険料が安くなり，反対に保険金を請求すれば保険料が高くなることを認識する保険契約者は，すすんで事故を回避し，損失を縮小する努力を行うと期待できる。たとえば，企業・組織が従業員を被保険者として団体傷害保険契約を結んだ場合に経験料率が採用されていれば，企業・組織は工場や倉庫などにおいて従業員が傷害を負わないよう，安全訓練を実施したり，綿密な機器整備などのリスクコントロールの努力を惜しまないであろう。同様に，企業・組織が所有し使用する複数の自動車に自動車保険を付した場合も，経験料率としての事故・無事故割増引制度が設けられていれば，従業員が事故を起こすことのないよう安全運転講習を受講させたり，勤務時間を調整するなどの努力を行うと考えられる。

(4) コインシュアランスと控除免責金額

　保険契約者のモラルハザードは，損失の一部をリスク保有するような要素を契約に組み入れることでも緩和することができる。このような一部保険の一つの方式が，第3章でも取り上げた，発生した損失に対する自己負担額が定率で決定される**コインシュアランス**である。たとえば公的医療保険は，保険契約者が損失の30パーセントをリスク保有し，70パーセントを保険者にリスク移転しているコインシュアランスであるといえる。

　損失に対する自己負担額を定率で設けるコインシュアランスに対して，これを定額で設ける方式が，**控除免責金額**である。これは，予め定めた金額を発生した損失から控除したものを，保険金として支払うものである。たとえば，火災保険契約に100万円の控除免責金額が設けられていれば，その建物に火災を原因として損失が発生しても，それが100万円に満たなければ保険金は支払われず，100万円を超えた場合も損失から100万円が控除された金額が保険金として支払われるというものである。控除免責金額はまた，少額の損失を保険金支払いの対象外とすることにより，それにかかる保険会社の経費を節減し，ひいては付加保険料を低廉化することにも貢献するものである。

　コインシュアランスや控除免責金額を伴う保険契約を付していた場合に事故が発生し損失を被れば，保険契約者はその一部であっても自己負担が生じる。このことを認識する保険契約者は，すすんで事故が起きないよう努力すると考えられる。自己負担額が設けられることは，保険契約者にとっては必ずしも歓迎できるものではないかも知れないが，モラルハザードを低費用で緩和し，リスクの保険可能性を高め，保険の入手を容易にするために必要なものであるといえる。このような一部保険のモラルハザード緩和の詳細なメカニズムは，第12章においてリスク移転の費用分析のなかで詳しく見ていく。

(5) リスクコントロール・サービス

　保険会社が逆選択の緩和のために行うアンダーライティングで得られたリスクエクスポージャの実態に関する詳細な情報は，とくに企業・組織に対する保

険の場合には，契約引受け後も有効に活用される。保険会社は，得られた情報をもとにリスクコントロール・サービス（ロスコントロール・サービス）を設計し，保険契約者に提供している。たとえば工場における従業員の勤務体制や，火気の使用状況，機器整備に問題があれば，改善策を提案したり，防火・防災マニュアルを提示したりするなどのサービスを保険契約者である企業・組織に提供し，安全努力を強化するよう促している。これにより期待損失が低下すれば，保険会社にとっては保険金の支払額が減ることになる。同時に，保険契約者にとっても費用と効果の双方の面で有利であるが，これについては第13章で分析する。

　以上のような逆選択とモラルハザードを緩和する様々な仕組みは，**図表5－4**のように示すことができる。アンダーライティングとリスク細分化は，エクスポージャのリスクに見合った保険料とその他の契約条件を個々の保険契約者に適用することで逆選択の問題を緩和している。また，経験料率は契約後の保険金請求実績により，将来の保険料を決定することで，保険契約者の安全努力を引き上げる機能を持つものであった。コインシュアランスと控除免責金額は損失の一部を保険契約者の負担にすることにより，やはり安全努力を促すものであった。さらに，リスクコントロール・サービスは，保険会社が直接保険契

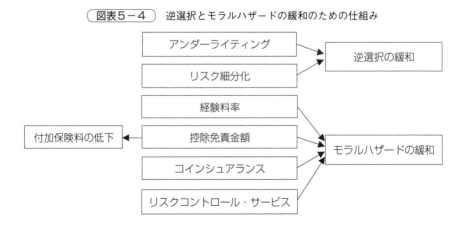

図表5－4　逆選択とモラルハザードの緩和のための仕組み

約者に働きかけ，期待損失の低下を促すものであった。

　保険は，リスクファイナンスのリスク移転に分類されることには繰り返し触れてきたが，コインシュアランスと控除免責金額は，保険に組み入れられたリスク保有の要素と見ることができると同時に，期待損失の低下にもつながるリスクコントロールの要素でもある。また，経験料率とリスクコントロール・サービスは，期待損失を低下させるものであり，同じくリスク移転に組み入れられた，リスクコントロールの要素である。このように保険には，その主要な機能であるリスク移転のほか，リスク保有とリスクコントロールの機能も組み合わされている場合があり，このような仕組みにはモラルハザードの緩和などの効果があることを理解しておくべきであろう。

4．まとめ

　保険市場においては，保険契約当事者にとっての情報不完全性と，また当事者間の情報不均衡が存在し，非効率を生んでいた。本章では，このような情報不完全性に，私的保険市場がどのように対処しているのかを見てきた。保険会社の支払能力に関する情報不完全性には，規制当局による財務規制や保険料率規制により保険会社の財務健全性を維持することにより，事前に対処していた。また，万一保険会社が支払不能になった時の事後的措置として，保険契約者保護制度が設けられていた。これに加え，保険会社の格付け情報は，保険契約者が支払能力を見極める際に有用であった。また，保険会社自身が再保険取引を適切に行うことによっても，自らの支払能力を強化することができ，大規模自然災害リスクなど保険可能性の低いリスクの引受けを可能にしていた。保険料率規制による公的介入は，また，保険会社が，適切な保険料水準と保険料体系により保険を提供することを促し，保険契約者が自らの保険料を精査し評価するための費用を軽減していた。保険会社によるアンダーライティングとリスク細分化は，リスク実態に見合った保険料とその他の契約条件を適用することにより，逆選択を緩和していた。また，コインシュアランス，控除免責金額，経

験料率，そしてリスクコントロール・サービスは，保険契約者の安全努力を間接的または直接的に促し，モラルハザードを緩和していた。これらの保険契約設計上の工夫は，保険契約者にとって一見その意味が見出せなかったり，場合によっては歓迎できないものもあるかもしれないが，保険市場の情報不完全性を補完し，リスクの保険可能性を高め，ひいては保険の入手可能性を高めるために必要なものである。

確認と議論

1. 参考純率が算出されている保険の種類と，そうでない保険の種類には，どのような違いがあるだろうか。

2. 保険会社によって事業効率性が異なるにもかかわらず，基準料率が付加保険料を含んで統一的に算出されていることに，合理的な理由があるだろうか。

3. 個人契約者が対象の保険には，どのような経験料率の仕組みが導入されているだろうか。

4. 控除免責金額を設けることには，保険契約者の安全努力の促進効果のほか，保険契約者自身にとってはどのような利点があるだろうか。

第6章 ヘッジ

　現在，企業・組織は，様々な商品価格，金利および為替レートの変動という価格リスクにさらされている。ヘッジは，これらの価格リスクに金融派生商品を用いて対処することであり，純粋リスクを対象にした保険とともにリスクファイナンスのリスク移転に分類される。金融デリバティブとも呼ばれる金融派生商品は，様々な商品や証券など資産の価格や金利を取引の対象とする点から，取引の源となる資産から派生した金融商品という意味で名付けられた。現在は極めて多様な形態のものが存在するが，多くは先渡し，先物，オプション，そしてスワップの4種類を原型として，それらから発展したものである。本章では，これらの金融派生商品のプロトタイプについて，それぞれどのような構造と機能を持ち，企業・組織がどのように利用すべきなのかを分析していく。

KEY WORD

先渡し　原資産　満期　先渡し価格　現物取引
相対取引　先物　限月　先物価格　清算取引
オプション　権利行使価格　プットオプション
コールオプション　オプションプレミアム　スワップ
金利スワップ　想定元本

第Ⅱ部　リスクファイナンスの種類と機能

1．先渡し

(1)　先渡し契約の構造

　企業・組織は，価格リスクにより将来キャッシュフローの変動性が拡大し，事業や資産への投資計画を立てにくくなることは，第1章においても触れた。反対に将来キャッシュフローの変動性を縮小できれば，将来得られる利益，または負担する費用を事前に把握し，資金とそれ以外の経営資源を効率的に配分することが可能となる。**先渡し**は，損失または利益を二者間で相殺することにより，互いのキャッシュフローを平準化する予約取引であり，このことにより将来キャッシュフローの変動性を縮小することが可能となる。先渡し契約において当事者は，商品や証券などの現物の資産を，予め定めた将来の一時点に，予め定めた価格で，売買することを約する。このときの取引の対象となる資産は**原資産**と，予め定めた取引の期日は**満期**と，そして取引する原資産の価格は**先渡し価格**と，それぞれ呼ばれる。

(2)　先渡しの価格リスク移転機能

　先渡しの価格リスク移転機能を理解するために，商品価格リスクのなかでも生鮮食品の価格の変動にさらされる企業・組織の例を考えてみたい。たとえば，野菜の価格は，他の商品と同様にその需要量と供給量から影響を受ける。野菜全体としてみれば，代替財の入手可能性が低い野菜の需要量は，比較的安定していると言えそうである。しかし，その供給量は，生育期間の気温や降水量といった天候により大きく左右され，その結果，供給量が増えれば価格は下がり，それが減れば価格が上がる。

①　原資産販売者のリスクプロファイル

　ある野菜農場が，自らの生産量をほぼ一定に維持できると仮定すれば，野菜の価格が上がれば利益は増加するが，反対にその価格が下がれば利益が減少し，場合によっては野菜の生産にかかった人件費や，機材，肥料などの物件費を償えず，損失を被ることもある。野菜の価格に関してこのような立場にある農場

第6章 ヘッジ

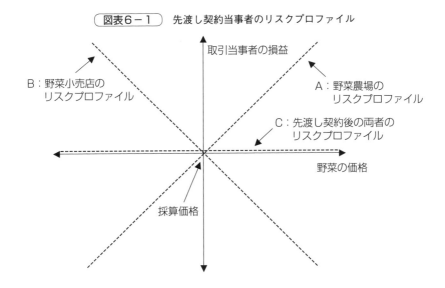

図表6−1 先渡し契約当事者のリスクプロファイル

を，第3章でも用いたリスクプロファイルで表すと，**図表6−1**のとおりとなる。同図表の水平軸は原資産である野菜の価格を表し，右方は価格の上昇，左方はその下落を示す。いっぽう垂直軸は売買取引当事者の損益を表し，当事者にとっての採算価格で水平軸と交わっている。野菜の売り手である農場は，その価格が採算価格を超えれば超えただけ利益を得るいっぽうで，その価格が採算価格を下回ればそれだけ損失を被るという立場にある。このため，同図表上の破線Aのようなリスクプロファイルを持つ。

② 原資産購入者のリスクプロファイル

次に，野菜を農場から購入して店舗で販売する野菜小売店の立場を考えてみよう。この小売店が，野菜の販売量を一定に維持すると仮定すれば，野菜の価格が下がれば仕入れ先である農場への支払金額が減り，その分利益を得る。反対にその価格が上がれば支払金額が増え，それに販売にかかる諸費用を加算した金額が，野菜の売上金額を超えれば，損失を被ることになる。単純化のため小売店の採算価格が，農場のそれと同じ水準であると仮定すれば，そのリスクプロファイルは図表6−1の破線Bのような形状となる。農場と小売店のいず

第Ⅱ部　リスクファイナンスの種類と機能

れも市場支配力を持たず，価格を操作できない価格受容者であると考えれば，両者の採算はいずれも野菜の市場価格から直接影響を受け，かつその影響は一方が利益を得れば，他方が損失を被る関係にある。

③　先渡し契約後のリスクプロファイル

　この農場と小売店が，ともに1か月後に，同じ量の野菜を販売または購入することを予定しているとしよう。1か月後の野菜の時価は現時点では予測できないため，両者ともその売買によって利益を得るのか，損失を被るのかを予め知ることはできない。しかしこの農場と小売店は，野菜を原資産，1か月後を満期日とし，採算価格を先渡し価格とした先渡し契約を結ぶことができる。これにより満期日の野菜の市場価格にかかわらず，その売買により損失も利益も発生しないこととなる。つまり，先渡し契約締結後の農場と小売店のリスクプロファイルは，キャッシュフローが野菜の時価から影響を受けないことを反映して，図表6－1の破線Cのように価格線と重なる。

　このように先渡し契約は，原資産の売買を行う点で**現物取引**であるといえる。それと同時に原資産の販売者と購入者の二者間での**相対取引**であり，両者が合意すれば原資産，満期日，先渡し価格はすべてカスタマイズ可能である。したがって，通貨や金利はもちろん，上記の例のように，野菜などの生鮮食料品や，さらにはパッケージ旅行など，多様なものが原資産となり得る。いっぽうで，契約の途中での転売や破棄は通常できず，満期日には必ず原資産の売買を行わなければならない。

2．先物

(1) 先物契約の構造

　先渡し契約では，原資産の販売者と購入者が，直接現物取引を行う必要があった。このため地理的に離れた場所でそれぞれ活動する当事者同士で，先渡し契約を結ぶことは，必ずしも容易ではない。この問題を解消するヘッジが，**先物**である。先物契約も予約取引であり，契約当事者が一定の原資産を，予め

第6章　ヘッジ

定めた将来の一時点である**限月**までに，予め定めた**先物価格**で売る，または買うことを予約するものである。しかし，先渡し契約が相対取引であったのに対し，先物契約は証券取引所に上場して取引が行われる。このため，対象となる原資産は限定されるとともに，取引単位も定型化されている。たとえば金利，通貨，株式，債券などの有価証券のほか，商品先物では金や鋼材などの金属，小麦などの穀物，原油，天然ゴムなどが対象となっている。これらの原資産に共通する特徴は，質を一律に保つことが容易で，かつ数量を自由に調整することが可能なことである。このような特徴により，取引所において定型的な取引が可能になる。いっぽう，先渡しの事例で取り上げた野菜などの生鮮食料品などは，取引の標準化が困難であるため，先物の原資産とはならない。

また，先物契約のもう一つの重要な特徴は，実質的に**清算取引**であることである。先物契約においても限月が到来すれば，原資産の受渡しが行われるが，実際に証券取引所に参加できるのは各取引所に登録した証券会社や先物取引専門事業者であるため，一般の企業・組織，あるいは個人が先物取引を行う際には，これらの事業者に取引を委託することになる。したがって，商品先物であっても原資産の現物の受渡しを企業・組織が直接行うことはなく，委託した証券会社などと，原資産売買時の原資産の時価と先物価格との差額の受渡しを行えばよい。このため先物契約は，限月の到来前であれば，他者に転売したり，途中で購入したりすることもでき，その場合はその時点での損益を決済することになる。

(2) 先物の価格リスク移転機能
① 原資産販売者のリスクプロファイル

先物の機能を理解するために，小麦の価格の変動にさらされる企業・組織の例を考えてみよう。たとえば，北海道において小麦を生産し販売している小麦農場を例にとれば，小麦の市場価格が上がれば利益は増加するが，反対にその価格が下がれば利益は減少し，生産費用をまかなえなければ損失を被ることになる。したがって，この農場のリスクプロファイルは**図表6－2**の破線Aのよ

第Ⅱ部　リスクファイナンスの種類と機能

うな45度右上がりの直線で示される。

② 原資産販売者の現物取引と清算取引

　小麦農場が，小麦の販売期日を限月とした販売予約の小麦先物契約を，小麦の取引量に合わせた口数だけ，証券会社をとおして結んでいるとする。この農場は取引期日が到来すれば，時価で北海道の食品会社に小麦を販売するが，この現物取引の際には，小麦の時価が採算価格より高ければ利益を得，反対に低ければ損失を被る。しかし，先物契約を結んでいれば，限月に証券会社をとおして契約相手方と，時価と先物価格との差額の受渡しを行う。図表6－2の破線Bのように小麦の時価が高ければ，先物価格との差額をペイオフとして契約相手方に支払うことになるが，それには同図表の矢印で示したように現物取引で得た利益を当てればよい。反対に，小麦の時価が採算価格より低ければ，先物価格との差額に相当するペイオフが契約相手方から支払われ，これを現物取引での損失補填に充てることができる。つまり，先物契約後の小麦農場のリスクプロファイルは，同図表の破線Cのように水平となり，小麦の価格線と重なる。

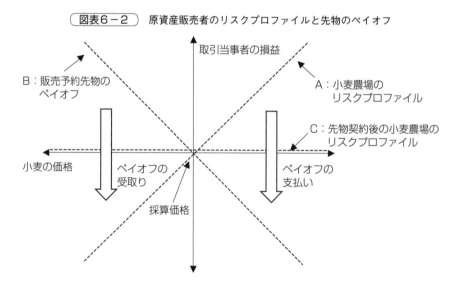

図表6－2　原資産販売者のリスクプロファイルと先物のペイオフ

第6章　ヘッジ

③　原資産購入者の販売者のリスクプロファイル

　次に，九州において小麦を購入し，それを用いた小麦加工食品を生産し販売する食品会社を考えてみたい。この食品会社にとって，小麦の価格が下がれば仕入れ先である九州の農場への支払金額が減り，その分利益を得るが，反対にその価格が上がれば支払金額が増え，それが採算価格を超えれば損失を被ることになる。このためこの食品会社のリスクプロファイルは，図表6－3の破線Aのような45度右下がりの直線として描ける。

④　原資産購入者の現物取引と清算取引

　食品会社は，小麦を購入する期日になれば，九州の小麦農場から小麦を時価で購入するが，それが採算価格より高ければ損失を被り，低ければ利益を得る。この現物取引の時期に合わせた購入予約の小麦先物契約を証券会社と結んでいる場合，この食品会社は，限月が到来すれば，証券会社をとおして契約相手方から，図表6－3の破線Bのようなペイオフを受け取る，または支払うことになる。小麦の時価が採算価格より高いときは，受け取ったペイオフを値上がり分の代金支払いに充て，反対に小麦の時価が低い時は，現物取引で得た利益を，

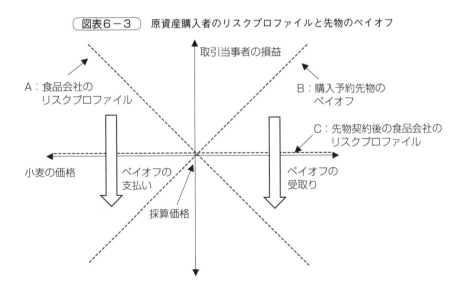

図表6－3　原資産購入者のリスクプロファイルと先物のペイオフ

先物のペイオフ支払いに充てることができる。このように先物契約後の食品会社のリスクプロファイルは，同図表の破線Cのようになり，小麦の価格の変動により，利益も損失も生じない状況になることがわかる。

　以上のような地理的に離れた原資産販売者とその購入者が，先渡し契約を結ぼうとすれば，事前に利害が一致する当事者を見つけ出し，契約を設計し，事後には現物を，費用をかけて輸送しなければならない。しかし先物契約を結んでいれば，小麦農家，食品会社ともに，現物取引は原資産輸送などのための追加的費用のかからないローカルな地域でそれぞれ行い，そこからの損益を，先物の清算取引によるペイオフの受取りまたは支払いで相殺すればよいことになる。

3．オプション

(1) オプション契約の構造

　先渡し契約も先物契約も，取引当事者は原資産の価格の変動による損失負担を免れることができると同時に，得られるかもしれない利益もあきらめなければならなかった。この問題を一部解消するものが**オプション**である。先物が売買の予約取引であったのに対し，オプションは，約定の期日に原資産を約定の価格で販売または購入する権利を取引するものであり，契約者が権利を行使するかしないかを選択することができる点から名づけられた。オプション契約における約定の期日は満期，約定価格は**権利行使価格**と，それぞれ呼ばれる。また，オプションには原資産を売る権利と，それを買う権利の2つの種類があり，前者は**プットオプション**と，後者は**コールオプション**と，それぞれ呼ばれる。

　オプション契約では，価格リスクを移転しようとする当事者が，売る権利または買う権利を，リスクを引き受ける当事者から買うことになるが，その際には前者は後者に**オプションプレミアム**を支払う。オプションプレミアムは，リスク引受けに対する対価であり，保険契約の保険料と同様にリスクプレミアムの一つの形態である。したがって，リスクとしての原資産価格の変動性が大き

ければ高額に，それが小さければ低額となる。リスク移転者は，オプションプレミアムを支払ったうえで，原資産の時価が，現物取引において損失を被る水準になった場合は，約定価格で売買する権利を行使すればよい。いっぽうで原資産の時価が，現物取引において利益を得る水準となった場合は，その権利を放棄すればよい。オプション契約も先物契約と同じく清算取引であるため，権利を行使した場合だけ，契約相手方から時価と権利行使価格との差額を受け取ることになる。このようにリスク移転者は，原資産の価格にかかわらず，オプションプレミアムを超えた費用負担は発生しない。

　先物においても触れた株式や各種商品については，これらを原資産としたオプションが，取引所に上場されている。このほかにも，特定の通貨を対象としたオプションなど，相対で取引されるものもある。

(2)　オプションの価格リスク移転機能
①　プットオプション

　オプションの機能を理解するために，前節でも取り上げた，小麦価格の変動に直面している小麦農場と食品会社の例を考えてみたい。農場は小麦を販売する立場であるため，そのリスクプロファイルは，**図表6－4の破線A**のような45度右上がりの直線で示される。この農場は，小麦の価格が下落した場合に備え，小麦を原資産とし，その現物取引の期日を満期とし，採算価格を権利行使価格としたプットオプション契約を結ぶことができる。

　プットオプション契約からのペイオフを示したものが同図表の破線Bである。この農場は，契約時にオプションプレミアムをリスク引受者に支払うことから，ペイオフプロファイルはその分下方にシフトしている。そして，満期日における小麦の時価が権利行使価格より低ければ，約定価格で売る権利を行使する。実際には，小麦の時価と権利行使価格の差額を，プットオプションの契約相手方から受け取り，これを現物取引での損失に充てることができる。反対に満期日における小麦の時価が権利行使価格より高ければ，その価格で小麦を販売し，プットオプションの権利は放棄すればよい。したがって，ペイオフプロファイ

第Ⅱ部　リスクファイナンスの種類と機能

図表6−4　原資産販売者のリスクプロファイルとプットオプションのペイオフ

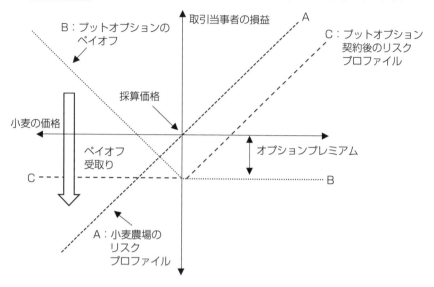

ルは，受取り，支払いともに発生しないことを反映して，水平となる。このようなプットオプション契約を結ぶことにより，農場のリスクプロファイルは，破線Cのような形状に変化する。すなわち小麦の価格が採算価格より低くとも，オプションプレミアムを超えた負担は生じず，価格が採算価格より高ければ，そのことによる現物取引での利益を受け取ることができる。このようなプットオプションの構造は，保険料を支払うことでそれ以上の損失負担は生じないという全部保険の構造と類似している。このことは，現物取引において損失が生じる局面を示した図表6−4の右方部分のペイオフが，第3章で分析した保険のリスク移転機能を描いた図表3−2の全部保険の保険金と同じ形状をしていることからもわかる。

② コールオプション

いっぽう小麦を購入する立場にある食品会社は，**図表6−5**の破線Aのような45度右下りのリスクプロファイルを持つ。食品会社が，小麦の価格上昇による支払金額の増加に備えるためには，コールオプション契約を結べばよい。同

第6章　ヘッジ

(図表6-5)　原資産購入者のリスクプロファイルとコールオプションのペイオフ

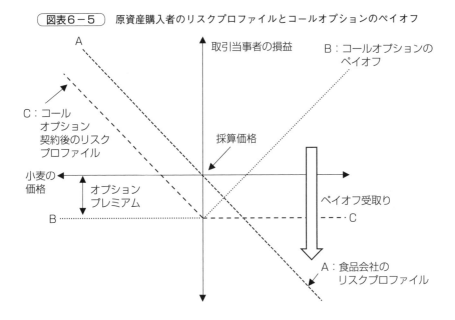

図表の破線Bは，コールオプション契約からのペイオフを表している。契約時に支払うオプションプレミアムを反映してペイオフプロファイルは下方にシフトしているが，小麦の価格が上昇してもそれ以上の負担は発生ない。すなわち満期日の小麦の時価が高くなり，現物取引で損失を被ったとしても，コールオプションを行使することで，権利行使価格と時価との差額がペイオフとして支払われ，その損失を補塡することができる。反対に小麦の時価が権利行使価格より低ければ，コールオプションの権利を放棄することで，現物取引の利益をそのまま受け取ることができる。その結果，コールオプション契約後の食品会社のリスクプロファイルは，破線Cのようになる。すなわち小麦の価格が採算価格より高くなっても，オプションプレミアムを超えた負担は生じず，価格が採算価格より低ければ，その価格で現物取引を行い，利益を受け取ればよいことになる。

93

第Ⅱ部　リスクファイナンスの種類と機能

4．スワップ

(1) スワップ契約の構造

これまで取り上げた先渡し，先物およびオプションは，約定の期日にペイオフの受渡しが一回のみ行われるものであった。これに対して**スワップ**は，契約当事者間で将来の一定期間のキャッシュフローを複数回交換する契約である。スワップ契約は，予めキャッシュフローの交換期間と交換のタイミング，そして交換する金額の計算方法を契約当事者間で取り決め，これに従ってキャッシュフローの交換を相対取引で行うものである。この点から，連続した先渡し契約の集合体として見なすことができる。相対取引のため，契約当事者の合意によりカスタマイズした契約内容を設計することが可能であるが，いっぽうで先物やオプションのように契約の途中での転売は，できない場合が多い。

スワップ契約は，交換の対象となるキャッシュフローにより，いくつかの種類がある。たとえば，異なる種類の金利を交換する金利スワップ，異なる通貨間で金利と元本を交換する通貨スワップ，金利と株式の売買損益を交換する株式スワップ，金利と商品価格を交換する商品スワップなどが主なものとして挙げられる。以下では，価格リスク移転の手段としてもっともシンプルで頻繁に利用される金利スワップを例に，その機能を分析する。

(2) スワップ契約の価格リスク移転機能

金利スワップとは，同一通貨内で異なる種類の金利の支払いまたは受取りを交換するものである。契約当事者は，金利の計算基礎となる名目上の元本である**想定元本**，互いの金利の計算方法，そして交換期間とタイミングを予め当事者間で決めておき，これに基づき金利の交換を行う。契約の内容により，変動金利と固定金利や，異なる二種類の変動金利などが交換の対象となる。

① 金利スワップ契約当事者のリスクプロファイル

金利スワップのリスク移転機能を理解するために，変動金利で5年間の1億円の銀行融資を受け，かつ固定金利の元本1億円の債券を保有している企業A

第6章　ヘッジ

図表6-6　金利スワップ契約当事者のリスクプロファイル

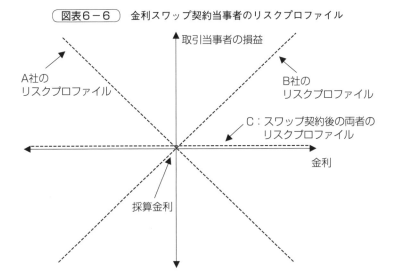

社が存在すると考えてみたい。もう一方の当事者として，固定金利で5年間の1億円の銀行融資を受け，かつ変動金利の元本1億円の債券を保有している企業B社を考えてみよう。両者のリスクプロファイルは，**図表6-6**のとおり描くことができる。すなわちA社は固定金利債券からの受取金利は5年間をとおして変わらないのに対して，銀行融資への支払金利は毎年変動し，金利が予定より引き上げられれば支払金利が受取金利を上回り，損失を被り，引き下げられれば利益を得る。反対にB社は，銀行融資への支払金利は毎年一定であるものの，変動金利債券からの受取金利は変動するため，金利が引き上げられれば支払金利を上回る金利を受け取ることで利益を得，引き下げられれば損失を被る。

② 金利スワップ契約当事者のキャッシュフロー

次に，互いに対称のリスクプロファイルを持つA社とB社のキャッシュフローを考えてみたい。図表6-7は今後5年間の両者のキャッシュインフローとアウトフローを示したものである。A社のキャッシュインフローは一定で推移するが，キャッシュアウトフローは毎年変動する。いっぽうB社は，キャッ

95

第Ⅱ部　リスクファイナンスの種類と機能

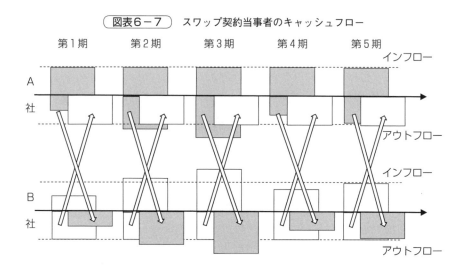

図表6－7　スワップ契約当事者のキャッシュフロー

シュインフローは毎期変動するものの、キャッシュアウトフローは一定である。そしてこの両者は、同図表の矢印で示したとおり、キャッシュアウトフローを交換するスワップ契約を結ぶことができる。これによりA社は、自社の債券からの固定金利を受け取り、それをB社の固定金利支払いに充て、B社は、債券からの受け取った変動金利を、A社の変動金利支払いに充てることができる。その結果、両者のキャッシュアウトフローは平準化され、両者のリスクプロファイルは、図表6－6の破線Cのとおり金利水準にかかわらず、採算がとれる状態となる。

5．まとめ

　本章では、価格リスクを移転するヘッジとして、金融派生商品の基本的な契約である先渡し、先物、オプションおよびスワップの構造と機能を、リスクプロファイルを用いて分析した。これらの金融派生商品は、しばしば投機を目的として利用されるものであるが、企業・組織は、価格リスクを移転することを第一の目的として利用すべきである。これらを適切に利用し分けることで、商

第6章　ヘッジ

品価格，為替レートおよび金利の変動のリスクを移転することができる。しかし，実際に取引される金融派生商品には，複数の機能が組み入れられ，複雑なペイオフ構造を持つものが多い。このため，企業・組織は，自らのリスクプロファイルを理解するとともに，様々な金融派生商品のペイオフプロファイルを分析し，リスクプロファイルがマイナスとなる局面にプラスのペイオフが支払われるものを選択し利用すべきであろう。

確認と議論

1. 先渡し契約と先物契約には，原資産の特徴や，取引の方式にどのような違いがあるだろうか。それは何を理由としているのだろうか。

2. 原資産の売買を行わない投資家が先物契約を結んだ場合，どのようなリスクにさらされることになるだろうか。

3. 原資産販売者が誤ってコールオプションを利用した場合，オプション契約後のリスクプロファイルは，どのような形状になるだろうか。

4. 原資産購入者が誤ってプットオプションを利用した場合，オプション契約後のリスクプロファイルは，どのような形状になるだろうか。

第7章 代替リスク移転と免責・補償の合意

　リスクファイナンスのリスク移転には，保険とヘッジのほか，多様な活動・方法が含まれる。なかでも企業・組織にとって直接的または間接的に利用する機会のあるものが，代替リスク移転，そして免責の合意と補償の合意である。代替リスク移転は，証券化や，前章で取り上げたヘッジの仕組みを応用して，従来の保険やヘッジでは限定的にしか対処できないリスクや，これらの対象とならないリスクを契約相手方に移転するものである。免責と補償の合意は，事業を行ううえでステークホルダーと交わす契約に，予めリスク移転の条項を設けることであり，企業・組織はリスク移転者の立場にも，リスク引受者の立場にもなるものである。本章では，これらのリスク移転の方法について，その構造と機能を見ていく。

カタストロフィボンド　証券化（しょうけんか）　債権放棄（さいけんほうき）　債務免除（さいむめんじょ）
インデックスベース　パラメータベース　ベーシスリスク
天候デリバティブ（てんこう）　ストライク値　単位価額（たんいかがく）　免責の合意（めんせきごうい）
補償の合意（ほしょうごうい）　情報不均衡（じょうほうふきんこう）

第Ⅱ部　リスクファイナンスの種類と機能

1．代替リスク移転

(1)　カタストロフィボンド

　地震や風水災などの大規模自然災害が，リスクエクスポージャ間の損失発生の相関，そして期待損失に関するパラメータ不確実性がともに高く，保険の対象になりにくいことについては，第4章において分析したとおりである。保険会社は，国際的に再保険取引を行うことなどにより，これらの大規模自然災害のリスクを複数の保険会社に分散することで引き受けてきた。しかし現実には，再保険市場のキャパシティは常に十分な水準にあるとはいえない。とくに大規模自然災害の発生により，保険金，そして再保険金の支払いが増加すれば，それに連動して再保険市場の引受能力は低下する傾向を示してきた。とくに20世紀の末から今世紀の初めには，多くの財物を特定の地域に所有する企業・組織は，地震などの大規模自然災害を対象とした保険の入手可能性の低下に直面することとなった。このような大規模自然災害に対する新たなリスクファイナンスの方法として登場したものが，リスクを金融市場に移転する**カタストロフィボンド**である。

① 　カタストロフィボンドの仕組み

　カタストロフィボンドは，**証券化**による資金調達の仕組みを，損失発生の際の資金調達に転用したものである。エネルギー関連企業など企業・組織が子会社をとおして発行主体となる場合もあるが，保険会社が保険契約者から引き受けた大規模自然災害による財物損失リスクを，小口に分割し，他の保険会社や再保険会社ではなく，多数の投資家に移転するというものが多く見られる。**図表7－1**は，保険会社によるカタストロフィボンドを用いたリスク移転の例を示したものである。まず保険会社は，特定目的再保険会社と呼ばれるカタストロフィボンド専業の再保険会社を設立し，そこに再保険料を支払い，大規模自然災害リスクを移転する。特定目的再保険会社は，引き受けたリスクを分割し，債券としてのカタストロフィボンドを発行し，多数の投資家から資金を調達し，これを信託基金において運用する。債券が満期となり，それまでに約定の自然

第 7 章　代替リスク移転と免責・補償の合意

図表7-1　カタストロフィボンド取引のキャッシュフロー

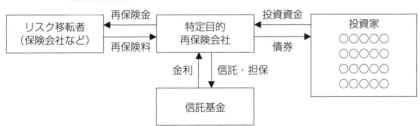

　災害が発生しなければ，信託基金の投資収益を原資として，特定目的再保険会社は投資家に対して約定の金利とともに元本を償還する。金利は他の債券より通常高く設定されるが，それは，次に述べるように，投資家が自然災害リスクを最終的に引き受けていることに対するリスクプレミアムを反映したものである。

　カタストロフィボンドの重要な特徴は，投資家にとっては**債権放棄**が，特定目的再保険会社にとっては**債務免除**が，契約に組み込まれている点である。すなわち，約定の自然災害が発生し，それによる損失が約定の水準に達した場合に，投資家に対する支払金利の引下げが行われたり，それでも損失を補填しきれない場合は元本の一部または全部が償還されず，再保険金の支払いに充てられる。対象となる自然災害は，地震や台風・ハリケーン，暴風などであり，たとえば首都圏におけるマグニチュード8.0以上の地震の発生など，発生範囲，規模も予め取り決められる。

　通常の財物保険の保険金支払いが実損填補方式に基づくことは第 3 章で触れたが，カタストロフィボンドからの再保険金は必ずしもそうではない。たとえば，特定の地域において大規模自然災害を引き受けるすべての保険会社が支払う保険金の推計額が一定額以上になったときに，それに係数を乗じて再保険金が決定される**インデックスベース**のものや，地震のマグニチュードや台風・ハリケーンの強度カテゴリーなどの客観的パラメータに基づき支払額を決める**パラメータベース**のものも存在する。

第Ⅱ部　リスクファイナンスの種類と機能

② カタストロフィボンドの利点と留意点

　企業・組織が保険によりリスク移転を行う際には，保険会社の支払不能という信用リスクにさらされることは第1章において述べたとおりである。とくに大規模自然災害リスクの引受けは，保険会社の信用リスクを高める要因となり得る。いっぽうカタストロフィボンドは，前述のとおりの債権放棄・債務免除が組み入れられている。このため，投資家にとっては金利引下げや元本割れ(がんぽん)のおそれがあるものの，リスク移転者である保険会社にとっては，特定目的再保険会社の信用リスクは小さく，確実に再保険金が支払われる場合が多い。このため，その保険会社と保険契約を結び，自然災害リスクを移転している企業・組織にとっても，信用リスクは深刻ではないといえる。

　また，インデックスベースやパラメータベースのカタストロフィボンドの場合は，リスク移転者である保険会社は，実際に発生した損失の確定を待たずとも再保険金が決定され支払われる。このため，保険会社は，保険契約者である企業・組織に対して迅速に保険金を支払うことができる。さらに，実際の損失の額にかかわらず，インデックスやパラメータに基づき再保険金が支払われるため，保険会社は保険契約者に支払う保険金が少なければ少ないほど，再保険金が余剰となる可能性が高まる。このため，保険会社は，自然災害発生前には，保険契約者である企業・組織に対して効果的なリスクコントロール・サービスを提供するであろうし，災害発生後も損失拡大防止のための最大限の努力を行うと期待できる。このことから，実損填補方式に基づく保険契約に見られるような，リスク移転者のモラルハザードの問題は生じない。ただし，インデックスやパラメータに基づき再保険金が決定されることは，別の問題を当事者にもたらす。たとえば，保険会社が引き受けたリスクエクスポージャに，他の保険会社と比べて特異的に高額の損失が集中したような場合には，インデックスやパラメータに基づく再保険金では，保険金支払いのための資金をまかないきれないこともあり得る。このように，再保険に代わってカタストロフィボンドを利用している保険会社は，特定再保険会社から支払われる再保険金と，実際の保険金支払いによる損失との間に差が生じるという**ベーシスリスク**にさらされ

第7章　代替リスク移転と免責・補償の合意

図表7－2　カタストロフィボンドと保険のリスク要素

リスク移転の種類	信用リスク	ベーシスリスク	モラルハザード
カタストロフィボンド	低	高	低
保険	高	低	高

ていることを忘れてはならない。

　カタストロフィボンドは，大型娯楽施設など，とくに特定の地域に多くの財物を集中して所有する企業・組織にとっては，直接的な，または保険会社をとおした間接的なリスク移転として，同じく財物損失リスクを対象とした保険とともに検討の対象にすることができる。その利用にあたって，大規模自然災害リスクがどのような仕組みにより移転可能となっているのかを理解するとともに，信用リスク，ベーシスリスクおよびモラルハザードといったリスク要素に関して，**図表7－2**に挙げたような保険と比較した相違点を認識しておくべきである。同図表に示したように，カタストロフィボンドは，リスク引受者である投資家の債権放棄が組み入れられているため，保険会社の支払不能のおそれがある保険に比べ，信用リスクは低い。また，インデックスベースやパラメータベースにより支払金額が決定されるため，実損填補方式の保険に比べ，リスク移転者のモラルハザードは深刻とならない。しかしいっぽうで，実損填補方式でないことは，リスク移転者をベーシスリスクにさらすことになる点に，留意しなければならない。

(2)　天候デリバティブ

　天候デリバティブは，冷夏や暖冬，長雨，渇水など極端な天候からキャッシュフローが影響を受けやすい企業・組織が，損失または減収分を補填するために利用されるリスクファイナンスの方法である。たとえば，第2章でも触れたように，清涼飲料を主力商品として製造，販売する企業は，商品の売上が夏期の気温や日照時間から大きく影響を受ける。また，ゴルフ場やテーマパーク

第Ⅱ部　リスクファイナンスの種類と機能

などの屋外型娯楽観光施設などの運営組織は，休暇期間中の降水量によって利用者数が左右されるであろう。農産物を生産する農場も，作物の生育期間の天候不順によって，予定した生産高を確保できないことがある。しかし，天候によって企業・組織が直面する損益の変動性は，純粋リスクを対象とした伝統的な保険によっても，また，商品価格や為替レート，金利の変動といった価格リスクを移転するヘッジによっても，対処しにくいリスクである。天候デリバティブは，このようなリスクを，オプションの仕組みを利用して移転するものとして，1990年代に開発され，利用されるようになった新たなリスク移転の手段である。

① 気温をインデックスとした天候デリバティブの仕組み

天候デリバティブの仕組みを理解するために，清涼飲料メーカーを例に挙げて考えてみたい。このメーカーは，夏期の気温が例年並みか，より高ければ，予定どおりかそれ以上の売上が見込まれるのに対して，冷夏となれば売上は落ち込み，損失を被るおそれがあるとする。第6章で用いたリスクプロファイルの価格線を気温に置き換えて，清涼飲料メーカーの損益を描けば，**図表7－3**の破線Aで示した45度右上がりの直線のようになる。かりに夏期の平均気温摂氏25℃が損益分岐点であるとすれば，そこがリスクプロファイルと気温線との交点となる。

この清涼飲料メーカーは，7月から9月を対象期間として，その平均気温が25℃を下回った時に，ペイオフが支払われる天候デリバティブ契約を，保険会社などの金融機関と結ぶことができる。このときの平均気温25℃のような，ペイオフ支払いの基準となる気温は**ストライク値**と呼ばれる。また，決済金とも呼ばれる天候デリバティブからのペイオフは，インデックスとストライク値の差に**単位価額**を乗じて決定される。たとえば，気温が25℃を下回った場合のペイオフが，0.1℃ごとに50万円を単位価額として決定される場合，実際の気温が24℃となれば，ペイオフは以下のとおり500万円となる。

単位価額50万円×(降雨日数24℃－ストライク値25℃)/(－0.1℃)＝500万円

第7章 代替リスク移転と免責・補償の合意

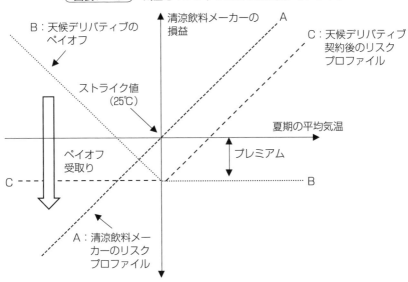

図表7-3 気温をインデックスとした天候デリバティブ

多くの場合、ペイオフには、たとえば最高1,000万円までといった支払限度額が設けられている。清涼飲料メーカーは、売上と気温の関係とリスク保有が可能な売上低下幅を分析したうえで、インデックス対象期間、ストライク値、単位価額および支払限度額を設定して、保険会社などと契約を結ぶが、その際には、リスク移転の対価として、プレミアムまたはオプション料などと呼ばれるリスクプレミアムを支払う。このような天候デリバティブのペイオフを示したものが、図表7-3の破線Bである。清涼飲料メーカーが契約時に支払うプレミアムを反映して、ペイオフプロファイルは下方にシフトしている。そして、対象期間の平均気温が25℃下回り、損失が発生すれば、天候デリバティブからのペイオフでそれを埋め合わせることができ、プレミアムを超えた負担は生じない。反対に平均気温が25℃より高ければ、清涼飲料の売上の上昇による利益を受け取ることができる。このため、天候デリバティブ契約後のペイオフプロファイルは、同図表の破線Cのように、ストライク値より左方では水平となり、それより右方では右上がりとなる。このような天候デリバティブによるリスク

105

プロファイルは，オプションプレミアムを支払うことでそれ以上の損失負担は生じないというプットオプションのそれと同様の形状をしており，このことからも両者のリスク移転構造が類似していることがわかる。

② 降雨日数をインデックスとした天候デリバティブ

天候デリバティブ契約において，気温と並んでしばしば用いられるインデックスが，降雨日数である。たとえば降雨により売上が左右されるゴルフ場について考えてみたい。降雨日数が多ければそれだけ減収となるゴルフ場のリスクプロファイルを，一定期間の降雨日数を水平軸にとって描けば，**図表7－4**の破線Aのような45度右下がりの直線となると考えられる。ゴルフ場が，10月から11月の秋期に1日当たり10ミリメートル以上の降水量があれば利用客数が減り，1日当たり100万円の減収が見込まれるとしよう。そして，この期間の10ミリメートル以上の降雨日が10日を超えれば，損失を被るとする。

このゴルフ場が結ぶべき，天候デリバティブのインデックスは，10月および11月の61日間における，1日当たり10ミリメートルの降水量があった日数となる。ストライク値は降雨日数10日，単位価額は降雨日1日当たり100万円と，それぞれ設定することができる。これにより，対象期間の降雨日数が10日を超えれば，1日当たり100万円がペイオフとして支払われ，これを減収の補填に充てればよい。たとえば，降雨日数が20日となった場合は，ペイオフは以下のとおり計算される。

単位価額100万円×（降雨日数20日－ストライク値10日）＝1,000万円

このような天候デリバティブのペイオフは，図表7－4の破線Bのような形状となる。ペイオフプロファイルが下方にシフトしているのは，契約時にプレミアムを支払うことを表している。しかし，降雨日数が10日以上となり，それが多くなればそれだけペイオフの金額も増えることを反映して，ストライク値より右方は45度右上りの形状となり，これを損失の補填に充てることができる。その結果，天候デリバティブ契約後のゴルフ場のリスクプロファイルは，同図

第7章 代替リスク移転と免責・補償の合意

図表7-4 降雨日数をインデックスとした天候デリバティブ

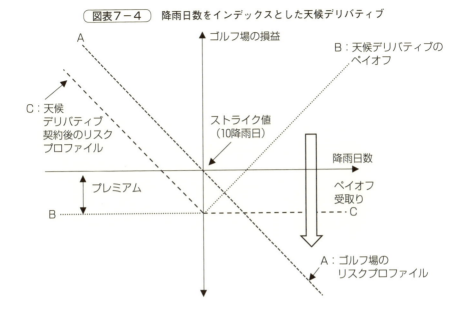

表の破線Cのようになる。すなわち、プレミアムの負担分はキャッシュフローを減少させるものの、降雨日が少ない時の売上増加からの利益は享受できるとともに、降雨日が多い時であってもプレミアム以上の損失負担は生じないこととなる。

以上のように、天候デリバティブは、天候不順に関連して企業・組織が減収を経験するリスクを、契約相手方である保険会社などに移転し、天候に関わるインデックスに基づき迅速なペイオフ受取りができるものである。しかし、インデックスベースであるために、留意すべき点もある。企業・組織の損益は、天候デリバティブのペイオフ支払いの指標となる気温や降雨日数などと完全に相関しているわけではない。上記の例でみれば、夏期の気温が25℃を下回ったからといって、清涼飲料メーカーの損失が0.1℃低下するごとに必ず50万円となるとは限らないし、秋期の降雨日数が10日を超えたからといって、1日当たりの損失が100万円になるとは限らない。損失が当初の予測より低ければ、その分ペイオフは余剰となるため、リスク移転者である清涼飲料メーカーやゴル

フ場は,損失を縮小するように販売量や利用客数を維持する努力をするであろう。しかし,それでもなお損失が大きければ,天候デリバティブからのペイオフではそれを補填しきれないおそれがある。インデックスに基づいてペイオフが決定される天候デリバティブにおいても,前節で分析したカタストロフィボンドと同様に,リスク移転者は,実際に被る損失とペイオフとが一致しないベーシスリスクにさらされることを認識し,自らのリスクプロファイルに適合したインデックスの選択,単位価額とストライク値の設定を行う必要がある。

2.免責・補償の合意

　企業・組織は,顧客や供給者などのステークホルダーとの売買契約や業務請負契約などのなかにリスク移転の要素を組み入れることができる。**免責の合意**および**補償の合意**と呼ばれるこのような契約の工夫により,特定のリスクを契約相手方に移転するか,あるいは契約相手方から引き受けることになる。

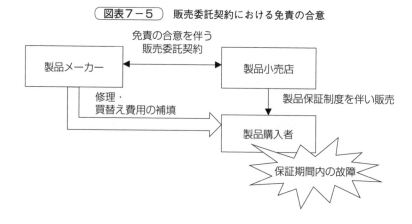

図表7-5　販売委託契約における免責の合意

(1) 免責の合意

　免責の合意は,契約当事者の一方が,ある活動から生じる損失に対して,もう一方の当事者を免責にすることに予め合意するものである。その仕組みを理

第7章　代替リスク移転と免責・補償の合意

解するために，第2章においても取り上げた製品販売委託契約の例を，より詳しく見て行きたい。たとえば，多くの家庭電器製品は，小売店において製品保証制度を伴って購入者に販売される。製品保証制度は，予め定めた一定期間内に故障などの不具合が生じた場合，製品の購入者は，修理・買替えのための費用負担を免れるというものである。この場合，その費用を負担する当事者は，通常は製品のメーカーであり，その小売店ではない。これは，メーカーと小売店との間の販売委託契約のなかに，製品購入者が被った損失補填のための費用を小売店が免れるという免責の合意を盛り込むことにより，小売店が，メーカー側にリスク移転を行っているからである。**図表7－5**は，このような免責の合意によるリスク移転の仕組みを示したものであるが，この場合のキャッシュフローは，太矢印で示したとおり製品メーカーから製品購入者への費用補填の一回となる。

(2) 補償の合意

補償の合意は，第三者である被害者の損失に対して，契約当事者の一方がいったん支払い，その後もう一方の当事者が補償するものであり，リスク移転の最終的な機能としては，免責の合意と大きく異ならない。たとえば上記と同じ家庭電器製品の小売店が，建物の所有者と賃貸契約を結んで店舗を借り受けて，小売業を営んでいるとしよう。かりに店舗の商品陳列棚の点検・整備不良により，店舗の利用者が傷害を負い，その治療にかかった費用について，店舗所有者に請求したとしよう。店舗所有者はいったん治療費に相当する金額を被害者に支払ったとしても，通常はその負担分について小売店から補償を受けられるであろう。小売店と店舗所有者は，事後的にこのような補償の手続きを取り決めることもできるが，予め賃貸契約のなかに，賃借人である小売店の過失により店舗内で第三者が被る損失について，賃借人が賃貸人である店舗所有者に補償することを約する補償の合意を盛り込んでおけばよい。以上のような補償の合意におけるキャッシュフローを示したものが**図表7－6**である。免責の合意によるキャッシュフローが一回であったのに対し，補償の合意では，同図

第Ⅱ部　リスクファイナンスの種類と機能

表の太矢印のとおりリスク移転者が最初に第三者の費用を補填し，それについて事後的にリスク引受者が補償を行うという二段階となる。

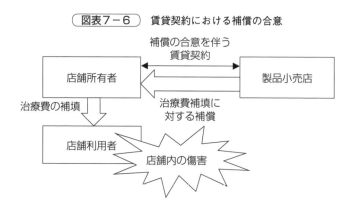

図表7－6　賃貸契約における補償の合意

(3) 免責と補償の合意のリスク移転者とリスク引受者

　免責と補償の合意を契約に盛り込むにあたって，当事者のうちいずれがリスク移転者となり，リスク引受者となるよう取り決めるべきだろうか。前述の例において，家庭電器製品メーカーが自社の製品の不具合による第三者の損失を小売店に負担させたり，小売店は自らの店舗内什器の整備不良による第三者の損失を店舗所有者に補填させたりすることができるだろうか。このような免責と補償の合意の設計の際には，どちらの当事者に損失補填の責任を負わせた方が，より製品の耐久性を引き上げることができるのか，あるいはより店舗内の安全性を引き上げることができるのかを，分析することが求められる。このときにも，第4章および第5章における保険市場の分析のなかでも取り上げた，**情報不均衡**について考えることが役立つ。

　家庭電器製品の耐久性は，それに使われている素材や，製品の構造，生産管理体制などによって左右される。これらの情報に関して製品を製造する立場にあるメーカーは十分な情報を持ち，それをコントロールできる立場にある。いっぽう小売店にとっては，複雑な家庭電気製品の耐久性を正確に見極め，問

110

第7章 代替リスク移転と免責・補償の合意

題を発見し，メーカーに事故発生前に改善策を提示し，それが実行されているかどうかを常にモニタリングできる立場にない。

同様に家庭電気製品の小売店の店舗の安全性は，商品の陳列方法，陳列棚の点検・整備や床面の清掃の状況などから影響を受ける。店舗を賃借し日々管理し使用している小売店は，店舗内の状況について容易に知り，コントロールすることができる。しかし，店舗所有者は店舗の状況を常に注視し，問題があれば即座に改善を働きかけることができるとは限らない。とくに数多くの店舗を貸し出している不動産会社などの場合は，すべての物件の状況を常にモニタリングすることが不可能であろう。

以上のように販売委託契約当事者間では，製品の耐久性に関してメーカーは情報優位な立場であるのに対して，小売店は情報劣位である。また，賃貸契約当事者間で見れば，店舗の安全性に関して小売店は情報優位であり，店舗所有者は情報劣位である。図表7－7に示したとおり，情報優位にあるメーカーが製品の故障や破損で生じる損失を引き受ける立場にあれば，製品の耐久性を上げるよう素材や構造，生産管理方法の改善などのリスクコントロールにすすんで取り組むと期待できる。同様に店舗の安全上の問題による利用者の傷害に対して，小売店が最終的に補償する立場にあれば，すすんで製品の陳列方法を改善し，陳列棚を整備し，床の清掃を徹底し，傷害を防ごうとすると考えられる。反対に，情報優位者が情報劣位者にリスク移転を行うような合意がなされた場合は，事故や傷害が起こっても損失負担を免れることを認識する情報優位者は，リスクコントロールの努力を怠り，その結果，事故や傷害による期待損失が上

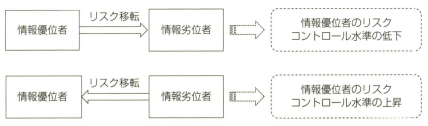

図表7－7　免責と補償の合意によるリスク移転とモラルハザード

第Ⅱ部　リスクファイナンスの種類と機能

昇するもしれない。このような契約当事者のモラルハザードを防ぐためにも，免責と補償の合意に際しては，情報に関する立場を見極める必要がある。

3．まとめ

　本章では，リスクファイナンスの代替リスク移転と免責と補償の合意について，契約の構造と利用にあたって留意すべき事項について見てきた。代替リスク移転については，その代表的な手段としては，カタストロフィボンドと天候デリバティブを取り上げた。カタストロフィボンドは，証券化の仕組みを応用して，保険では対処しにくい大規模自然災害などのリスクを，多数の投資家に移転するものであった。対象となる災害が発生したら金利の引下げや元本割れもあり得るという，投資家の債権放棄を契約に組み入れることにより，信用リスクを縮小するとともに，インデックスやパラメータにより支払額が決定されることで，迅速な損失補填が可能であった。しかし反面，リスク移転者は，受取金額と実際の損失額が一致しないというベーシスリスクにさらされることにもなった。天候デリバティブは，気温や降雨日数などの天候に関わるインデックスにより，ペイオフが支払われるという，ヘッジのオプションに類似した構造を持つリスク移転であった。天候デリバティブにより，屋外型娯楽観光施設などキャッシュフローが天候に大きく左右される企業・組織は，減収となる局面にペイオフを受け取ることができるものであった。しかし，インデックスの選択や，その観測対象期間，ストライク値，単位価額などの設定を適切に行ってリスク移転契約をしないと，やはり，ベーシスリスクが拡大するおそれがあった。免責と補償の合意は，ステークホルダーと結ぶ様々な契約のなかに予めリスク移転の要素を組み入れることにより，当事者の一方がリスク移転者に，他方がリスク引受者になることを合意するものであった。このような合意を行うにあたっては，対象となるリスクの期待損失に関して情報優位にあり，それをコントロールできる当事者をリスク引受者とすることで，モラルハザードを防ぎ，期待損失を引き下げることができた。

第 7 章　代替リスク移転と免責・補償の合意

確認と議論

1. カタストロフィボンドが投資家から受け入れられる理由は，他の債券に比べて金利が高いことのほか，どのような特徴があるからだろうか。

2. 暖冬によって収益が低下する企業・組織にはどのようなものがあり，何をインデックスとする天候デリバティブを契約すればよいだろうか。

3. 干ばつによって収益が低下する企業・組織にはどのようなものがあり，何をインデックスとする天候デリバティブを契約すればよいだろうか。

4. 製品の輸送を運送会社に委託した製品メーカーが，輸送中の事故を原因とした製品の破損に関して，運送会社と免責の合意を行う際，どちらの当事者がリスク引受者となるべきだろうか。その理由は何であろうか。

113

第8章 リスク保有

　リスク保有は，キャッシュフローの変動性に自らの資金を充て対処する活動または方法が中心となる。期待損失が低く，パラメータ不確実性も低いリスクエクスポージャの場合は，企業・組織は損失が発生しても，別の投資機会を見送ったり，新たに資金を調達したりする必要はなく，通常のキャッシュインフローでそれを補填できる場合が多い。このような対処もリスク保有の一つの形態であるが，期待損失が高い，またはパラメータ不確実が高いリスクエクスポージャに関して，前章まで見てきた保険やヘッジなどのリスク移転の手段が入手できなかったり，リスクプレミアムが高額となったりした場合には，企業・組織は，より計画的にリスク保有を行う必要がある。本章では，このような計画的リスク保有として，企業・組織が選択可能な自家保険とキャプティブ，そして他者の資金を一時的に利用するリスク保有であるファイナイトリスクとコミットメントラインについて見ていく。

自家保険　　**キャプティブ**　　**純粋キャプティブ**
グループキャプティブ　　**レンタキャプティブ**
ファイナイトリスク　　**コミットメントライン**　　**融資枠契約**
不可抗力条項　　**コンティンジェントデット**
トリガーイベント　　**シンジケート方式**

第Ⅱ部　リスクファイナンスの種類と機能

1. 自家保険

(1) 自家保険の仕組み

　企業・組織は，通常の事業活動からのキャッシュフローでは対応できないような高額の損失発生に備え，専用の資金を流動性の高い資産として積み立て，保有することができる。損失に備えた積立金は，このような内部留保資金のもっとも簡便なものである。企業・組織は，将来発生するおそれのある損失に備え，必要と見込まれる資金を積み立てておき，実際に損失が発生すれば，それを取り崩して，その補填に充当するものである。より計画的に組織化された積立金が，いわゆる**自家保険**と呼ばれるものである。自家保険において企業・組織は，過去に発生した事故と損失に関する統計情報を集積，編纂し，それに基づき，将来の事故の頻度と損失の強度を予測し，期待損失を計算する。そして期待損失に基づいて内部的な保険料を算出し，それを留保し，損失が発生すれば，留保金を原資としてその補填に充てるものである。

(2) 自家保険の限界

　企業・組織がさらされているリスクエクスポージャの，単位当たりの期待損失が低く，かつ数が多ければ，リスク分散をとおした保険のプーリング効果により，自家保険によるリスク保有も有効である場合がある。たとえば，大規模運送会社が自社の保有する自動車の破損や盗難などによる損失に備えるために，また，少額の製品を数多く生産しているメーカーが不良品の発生に伴う損失に備えるために，自家保険のアレンジメントを採用することができる。しかし，同じ運送会社が，保有する自動車の重大な事故による対人賠償責任の負担や，メーカーの製品製造工場の大規模火災の発生などは，頻度は必ずしも高くないため期待損失は高額とならないかもしれないが，いったんこれらの事故が発生すれば，損失は極めて高額となり，自家保険では十分対応できないおそれがある。このような場合は，リスク移転や，次に述べる他のリスク保有の方法の利用可能性を検討すべきであろう。

2．キャプティブ

(1) キャプティブの仕組み

　企業・組織は，自らが所有するリスク引受専門組織を設立することもできる。このような保険組織は，親組織により支配されているという点から，**キャプティブ**またはキャプティブ保険者と呼ばれる。キャプティブは，とくにグループ形態をとり，国際的に事業活動を展開している大規模な企業・組織により，しばしば試みられている。これは，親組織およびそれが所有するグループ内の他の子組織であるユニットの，主に財物損失および賠償責任損失エクスポージャを専門に引き受ける組織であり，そのもっともシンプルな例を示したものが**図表8－1**である。同図表の実線は所有関係を示しており，キャプティブは，グループ内の他のユニットとともに親組織に所有されている子組織の一つである。また，破線矢印はリスク移転関係を示し，キャプティブは親組織だけでなく他のユニットのリスクも引き受ける。このように単一の親組織により所有され，グループ内でのリスク引受けのみを行うキャプティブは，**純粋キャプティブ**と呼ばれる。

　しかし実際には，純粋キャプティブ以外の形態も多く見られる。たとえば同じ事業を行う複数の企業・組織が共同でキャプティブを所有し，それぞれのリ

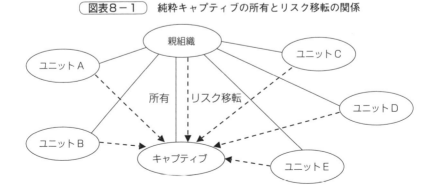

図表8－1　純粋キャプティブの所有とリスク移転の関係

第Ⅱ部 リスクファイナンスの種類と機能

スクをこれに移転するものも見られる。複数の親組織のリスクを引き受けるキャプティブは，**グループキャプティブ**とよばれる。また，多くの中・小規模の企業・組織は，キャプティブを運営するために必要な十分な数のリスクエクスポージャを保有していないため，独自にキャプティブを設立することが困難である。このようなケースにおいて企業・組織は，別のグループのキャプティブにプレミアムを支払うことにより，自らのリスクを移転する例も見られ，このような形態は**レンタキャプティブ**と呼ばれる。レンタキャプティブにおいては，グループ外の企業・組織から引き受けたリスクを，グループ内のリスクから引き離し，個別に管理することにより，いずれかに高額の損失が発生しても，キャプティブ全体にそれが波及することを防いでいる。

(2) キャプティブの利点
① 有利な規制と税制による費用節減

企業・組織がキャプティブを所有する動機として第一に挙げられることは，キャプティブ設立の初期費用と，その後の運営のための継続費用を節減することができる点である。キャプティブは，親組織が拠点を置く法域に設立する必要はなく，バミューダやバージン諸島，ケイマン諸島といった地域にしばしば設立される。これらの地域は，他の法域に比べ，規制による制限が少なく，また，税制上の取扱いも有利な場合が多く，キャプティブ設立と運営にかかる費用が節減できるからである。いっぽう資本要件などを整えたうえで規制当局から事業免許を受け，その後も厳格な規制の下におかれる保険会社は，設立と事業運営のために多くの費用を負担しなければならず，それらの費用の一部は，保険契約者の支払う付加保険料に反映されることとなる。このため，企業・組織は保険会社に支払う保険料負担より，キャプティブにリスク移転するためのプレミアム負担のほうが軽い場合が多い。さらに海外に設立されたキャプティブは，国内の厳格な規制の下におかれる保険会社にとって引受けが困難な大規模自然災害リスクなどを対象とした保険を提供することも可能である。

② リスクプーリングによる費用節減

　キャプティブ所有の第二の動機としては，グループ内のリスクをプーリングすることにより，プレミアムをさらに節約できる点である。かりにグループ内の個々のユニットが，個別に外部の保険会社と保険契約を結ぶ場合には，そのユニットが損失を被り，事業を中断する事態となっても，早期に復旧してそれを再開するように全部保険やそれに近い手厚いカバーを付けることになるだろう。いっぽうグループ全体のあらゆるリスクを一括して引き受けるキャプティブにおいては，グループ内のいくつかのユニットが高額の損失を被り事業を一時中断したとしても，他の無事故のユニットの収益でこれを相殺し，グループ全体でのキャッシュフローを平準化できる可能性が高いため，過度に手厚い保険を手当てする必要はない。このため，個々のユニットが外部の保険会社と個々に保険契約を結んだ場合のグループ全体での保険料の総額より，キャプティブに支払うプレミアムの総額のほうが低い場合が多い。

③ リスクコントロールの促進

　キャプティブは，グループ内の期待損失の低下にも貢献すると考えられる。親組織および各ユニットは，キャプティブへのリスク移転にあたって，個々のリスクエクスポージャを洗い出し，それらの期待損失とその変動性を計測し，それに基づく保険料を支払わなければならない。その過程で，各ユニットのリスク実態が明らかとなり，それに効率的に対処することが可能となる。親組織および各ユニットにとってはリスク移転を行っているものの，グループ全体としてみれば，リスク保有を行っていることに変わりない。このため，キャプティブからの損失補填を最小化するために，期待損失を低下させるリスクコントロールを積極的に行うインセンティブを持つと考えられる。

(3) キャプティブの留意点

　キャプティブには，以上のような利点があるいっぽうで，株主や債権者，顧客や供給者といったグループ外部のステークホルダーにとっては，グループ全体のリスクエクスポージャの実態を把握しにくくなる点に留意する必要がある。

とくにキャプティブが海外に設立されている場合，親組織や各ユニットが本拠を置く法域の規制の対象とはならず，どのユニットからどのようなリスクがキャプティブに移転されているのかに関して，一層不透明性が増すことになる。各ユニットの経営者は，情報劣位にあるステークホルダーのモニタリングを受けないため，リスクテイキングな経営を行うかもしれず，その結果，過度のリスクがキャプティブに集積されかねない。それらの一つに高額の損失が発生すれば，その影響がグループ全体に伝播するおそれもある。

キャプティブの設立にあたって企業・組織は，リスク保有によるグループ内での安全努力水準の向上といった効果があるいっぽうで，このようなリスクエクスポージャの実態に関する情報不均衡をもたらすことを認識し，グループ内の各ユニットがキャプティブに対して，適切にリスク移転を行っているか注視する必要がある。

3．ファイナイトリスク

(1) ファイナイトリスクの仕組み

自家保険やキャプティブは，企業・組織のさらされている複数のリスクエクスポージャをプーリングすることにより，リスクの分散を行うものであった。このような水平的な分散とともに，企業・組織は，時間軸に沿ってキャッシュフローを平準化することにより，リスク保有を行うこともできる。その代表的な方法が，限定的リスク移転を意味する**ファイナイトリスク**である。ファイナイトリスクは，ファイナイトプランとも呼ばれ，いずれの名称も限定されたリスクのみが保険会社に移転されること，つまり，保険契約者である企業・組織がほとんどの損失についてリスク保有を行っていることを意味している。

ファイナイトリスクの契約期間は，3年以上，多くの場合は5年から10年といった複数年にわたって設定される。保険契約者は，保険会社に毎年保険料を払い込み，保険会社はその保険料を積み立てる。積立金には，予め定めた利率で運用収益が加算されていく。損失が発生すれば，その積立金から，損失の金

額に応じた保険金が支払われる。ある年に発生した損失が高額となり，その全額を積立金で補填することができなかった場合には，予め定めた限度額まで保険会社がいったん保険金を支払うが，保険契約者の将来の払込保険料が，保険会社への弁済に充てられる。契約期間終了時に積立金に余剰が生じれば，保険契約者に償還される。このようにファイナイトリスクでは，保険会社は，損失補填のタイミングの不確実性に対してはカバーを提供しているものの，リスク自体を引き受けているわけでなく，保険契約者がほぼすべてのリスクを保有していることになる。

(2) ファイナイトリスクのキャッシュフロー平準化機能
① 総保険金支払限度額内のケース

ファイナイトリスクのキャッシュフロー平準化機能を理解するために，具体的な例を見て行きたい。**図表8－2**は，5年間のファイナイトリスク契約である。ある企業が，年間の期待損失を1,500万円と見込んでおり，保険会社とファ

図表8－2 ファイナイトリスクにおけるキャッシュフロー（限度額内）

	第1年	第2年	第3年	第4年	第5年
					（万円）
期首					
前年繰越残高	0	560	142	1,208	－184
保険料	1,620	1,620	1,620	1,620	1,620
手数料	－120	－120	－120	－120	－120
期首残高	1,500	2,060	1,642	2,708	1,316
期末					
保険金	－1,000	－2,000	－500	－3,000	－1,000
利息	60	82	66	108	53
期末残高	560	142	1,208	－184	369
損失	1,000	2,000	500	3,000	1,000

保険料：期待損失1,500万円＋手数料120万円＝1,620万円，金利：期首残高の4％，総保険金支払限度額：1億円

イナイトリスク契約を締結しようとしている。保険会社は，期待損失の8パーセントにあたる年間120万円を手数料として期待損失に加算した1,620万円を，保険料としてこの企業から年初に受け取り，期首残高の4パーセントにあたる利息を期末残高に加算した金額を，次期に繰り越す取り決めを行ったとしよう。また，損失が高額のため期末残高がマイナスとなった場合の，保険会社からの総保険金支払限度額は，5年間で1億円に設定されているとする。

　このようなファイナイトリスク契約を結ぶことにより，この企業の毎年のキャッシュフローは以下のとおりとなる。

第1年：期首残高は，保険料から手数料を差し引いた1,500万円である。そこに1,000万円の損失が発生すれば，それに対する支払保険金が残高から差し引かれ，利息が加算された560万円が期末残高となり，次年に繰り越される。

第2年：前年からの繰越残高560万円に保険料を加算し，手数料を差し引いた2,060万円が期首残高となる。そこから損失2,000万円に相当する保険金を差し引き，利息を加算した142万円が期末残高となり，第3年に繰り越される。

第3年：前年からの繰越残高142万円に保険料を加算し，手数料を差し引いた1,642万円が期首残高となる。そこから損失500万円を補填する保険金を差し引き，利息を加算した1,208万円が期末残高として，第4年に繰り越される。

第4年：前年からの繰越残高1,208万円に保険料を加え，手数料を差し引いた2,708万円が期首残高となる。そこに3,000万円の損失が発生すれば，期末残高は184万円の赤字となるが，これは総保険金支払限度額の範囲内であるため，保険会社がいったんこれを補填する。この損失補填分は次年度に繰り越される。

第5年：前年の損失が繰り越されるため，保険料から手数料と繰越残高を差し引いた1,316万円が期首残高となる。第5年の損失は1,000万円であったため，その分の保険金を差し引き，利息を加算した369万円が残高とな

り，企業に償還される。

　以上のように保険料水準がリスクエクスポージャの実態に合わせて設定され，かつ期待損失の変動性が過度に大きくない場合であれば，かりに期末残高がマイナスとなった場合でも，保険会社がこれをいったん補填するため，企業は事業や資産への投資計画を変更したり，外部資金を調達したりする必要はない。そして，この損失補填分は次年度に繰り越され，自らの支払う保険料を，その埋め合わせに充てればよい。

② 総保険金支払限度額超のケース

　次に，損失発生状況が異なるケースを見てみたい。**図表８－３**は，前の例と同じく，保険会社の手数料を含んだ保険料を1,620万円，利息を期首残高の４パーセント，総保険金支払限度額を１億円に，それぞれ定めた５年間のファイナイトリスク契約を結んだ場合の，企業の５年間のキャッシュフローを示したものである。発生した損失が全体的に高額であるため，第２年以降期末残高がマイナスとなっていることがわかる。この場合も，第１年は1,500万円，第２

図表８－３　ファイナイトリスクにおけるキャッシュフロー（限度額超）

	第１年	第２年	第３年	第４年	第５年
期首					（万円）
前年繰越残高	0	60	−378	−1,833	−3,346
保険料	1,620	1,620	1,620	1,620	1,620
手数料	−120	−120	−120	−120	−120
期首残高	1,500	1,560	1,122	−333	−1,846
期末					
保険金	−1,500	−2,000	−3,000	−3,000	−500
利息	60	62	45	−13	−74
期末残高	60	−378	−1,833	−3,346	−2,420

| 損失 | 1,500 | 2,000 | 3,000 | 3,000 | 2,000 |

保険料：期待損失1,500万円＋手数料120万円＝1,620万円，金利：期首残高の４％，総保険金支払限度額：１億円

第Ⅱ部　リスクファイナンスの種類と機能

年は2,000万円，第3年は3,000万円，第4年は3,000万円がいったん保険会社から支払われるが，この時点での累計支払保険金は，9,500万円に達している。そのため第5年の損失2,000万円に対しては，総保険金支払限度額の範囲内となる500万円の保険金しか支払われない。しかも契約期間の終了する時点においても期末残高が2,420万円の不足となっていることがわかる。この不足分は，保険契約者が将来の一定期間に分割して，保険会社に支払うことになる。もし，この企業が，次の5年間も保険会社とファイナイトリスク契約を結ぶのであれば，その年間保険料に，不足分を5年に分割した484万円が加算される。このようにファイナイトリスクは，契約期間の損失を平準化するだけでなく，それでもなお残存する損失を将来に向かっても平準化するものであるといえる。

とくに第5年の保険金が，打切支払いのため500万円にとどまっているため，損失2,000万円との差額1,500万円は，企業自身が補填する必要がある。このような事態にならないために，期待損失をできる限り正確に計算しなければならないことはもちろんであるが，期待損失の変動性が極めて大きいエクスポージャに関しては，5年程度の契約期間では平準化できないおそれがあるため，保険によるリスク移転を含めた別の方法で対処することが適切であろう。

以上のようなケースの保険料と損失の関係を示すと**図表8－4**のとおりとなる。現在の契約期間の第1年から第5年に発生する損失は年により変動しているものの，これを平準化したものが保険料となり，実際の負担額は常に一定である。累積した保険料で保険金がまかなえない場合であっても，保険会社がこれをいったん補填するため，追加的な負担は生じない。現在の契約期間が終了後，引き続き5年間のファイナイトリスク契約を結ぶ場合，その保険料は，前期間の損失実績から求められた期待損失をもとに保険料が決定されるため，このケースの場合は年間2,300万円となる。しかし，現在の契約終了時の期末残高が2,420万円不足しているため，これを5年間に分割した484万円が保険料に加算され，最終的な次期保険料は2,784万円となる。

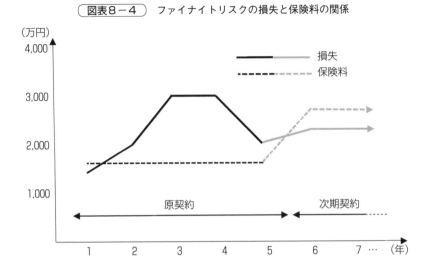

図表8−4 ファイナイトリスクの損失と保険料の関係

4．コミットメントライン

(1) コミットメントラインの仕組み

　企業・組織がリスク保有を行い，高額の損失を被ったとき，事業や投資の縮小や中断などを回避するためには，外部資金を調達しなければならない。損失発生後に証券を発行して資金を調達するには，第13章で詳しく分析するように，その手続きに必要な明示的な費用負担だけでなく，証券の過小評価の費用も負担することになる。このような必要負担を回避するために，事前に計画的に損失発生時に融資を受けることを約するものがコミットメントラインである。コミットメントラインは，企業・組織と銀行などの金融機関との間で結ぶ**融資枠契約**であり，一定期間にわたり一定の融資枠が設定・維持され，企業・組織から融資要請に基づき，予め定めた条件で融資が行われるものである。これにより企業・組織は，商品価格や為替レートの大幅な変動などにより，キャッシュアウトフローを経験するような事態となった場合でも，資金を確実に得られることになる。**図表8−5**は，企業・組織が金融機関と相対取引でコミットメントライン契約を結ぶケースを示したものである。契約にあたって銀行は，企

第Ⅱ部　リスクファイナンスの種類と機能

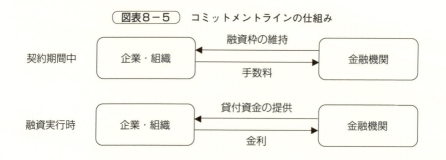

業・組織の信用リスクを審査したうえで，合意に基づき融資枠，契約期間，金利などの融資条件を定め，融資枠契約を締結する。契約期間にわたって，企業・組織は金融機関に対して手数料を支払う。企業・組織から融資の要請があれば，その都度金融機関は信用リスクの審査を行うことなく貸付資金を提供し，約定の金利を受け取る。

(2) コミットメントラインの利点

コミットメントライン契約を結んでいれば，企業・組織は，融資を受けるたびに信用リスクの審査を受け，融資条件を決定し，契約を結ぶ必要がなくなり，手続きが簡便となる。また，融資枠が設けられているため，その範囲においては，必要な資金をその都度迅速に調達することが可能となり，資本の流動性が強化される。さらに，企業・組織が，リスクの顕在化によりキャッシュアウトフローが増えたとしても，予め資金源を確保することにより，信用リスクが過大評価されることを回避できる。

(3) コンティンジェントデット

しかし，コミットメントラインを手当てすることにより，企業・組織は，いかなる事態でも資金を調達できるとは限らないことに留意しなければならない。たとえば大規模自然災害や，甚大なシステム障害などが発生し，金融機関が資金調達や送金が困難となった場合は，金融機関は貸付義務を免れることを定め

た，いわゆる**不可抗力条項**がコミットメントラインには設けられていることが多い。しかし，このような事態は，企業・組織にとっても，財物に生じた損失の補填や，事業活動の停滞を補うため追加的資金が必要となる局面である。このような限界を補完するものが，コミットメントラインの一つの形態である**コンティンジェントデット**である。コミットメントラインの融資実行が，企業・組織からの要請に基づいてなされるのに対して，コンティンジェントデットは，融資が発動される条件を，**トリガーイベント**と呼ばれる特定の事象の発生に定める。たとえば特定の地域での一定規模以上の地震の発生や，工場での一定規模以上の火災の発生などが，融資開始のトリガーイベントとなる。トリガーイベントが発生すれば，金融機関は予め定めた融資枠内で，約定の金利条件で，企業・組織に融資を行う。

　大規模自然災害などが発生した際に融資を行うことは，金融機関にとっても容易ではなく，融資枠が企業・組織が必要とする金額に設定されない場合がある。このため実際のコンティンジェントデットのアレンジメントでは,，企業・組織がまず融資を専業とする特定目的会社を設立し，それをとおして複数の金融機関や投資家と融資枠契約を行う，いわゆる**シンジケート方式**が採用されている場合が多い。この方式では，**図表８－６**のとおり企業・組織は，特定目的会社とトリガーイベントの発生を条件とした融資枠契約を結び，手数料を支払う。特定目的会社は，複数の金融機関や投資家と融資契約を結び，即時に融資を受け，それを信託基金などで運用し，そこから得られる金利を金融機関・投資家に支払う。トリガーイベントが発生すれば，特定目的会社は運用資金を取り崩し，企業・組織に融資を行う。金融機関などへの支払金利は，トリガーイベントのリスクプレミアムを反映して，一般に他の債券より高く設定される場合が多い。

127

第Ⅱ部　リスクファイナンスの種類と機能

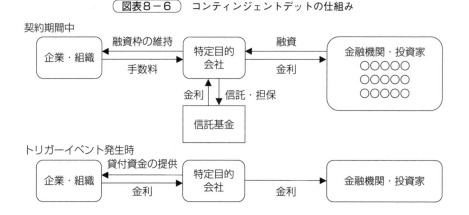

図表8-6　コンティンジェントデットの仕組み

5．まとめ

　本章では，期待損失が低くなく，変動性も小さくない場合にも利用できる場合があるリスク保有として，自家保険，キャプティブ，ファイナイトリスク，そしてコミットメントラインを見てきた。これらのリスク保有の方法では，企業・組織が自らの資金を利用したり，他者から借り受ける形態であるため，保険契約における保険会社の支払不能といった契約相手方の信用リスクにさらされることはない。また，企業・組織は，最終的には自ら損失を負担する立場にあるため，やはり保険などに見られるような企業・組織自身のモラルハザードの問題も起きにくい。このような利点があるいっぽうで，これらのリスク保有の方法は，中・小規模の企業・組織にとってはもちろん，規模が十分大きな企業・組織にとっても，すべてのリスクエクスポージャに対して対処可能なものでは必ずしもなかった。企業・組織は，リスク保有のこのような利点と限界を認識したうえで，リスク移転とともに適切にコーディネートしてリスクファイナンスを行うべきであろう。

第8章 リスク保有

確認と議論

1. グループ形態をとっておらず，リスクエクスポージャもそれほど多くない中・小規模企業が，キャプティブを利用することが可能だろうか。

2. 企業・組織がキャプティブを設立することは，株主や債権者など外部のステークホルダーにとって，歓迎されることであろうか。

3. 工場や倉庫が，地震や洪水など大規模地震災害のリスクにさらされている企業・組織にとって，ファイナイトリスクで対処することが適切だろうか。その理由は何であろうか。

4. コンティンジェントデットが投資家に受け入れられる理由は何であろうか。

第9章 内部リスク縮小とリスクコントロール

　企業・組織は，自らがさらされる様々なリスクに対処するために，これまで見てきたリスク移転とリスク保有を含むリスクファイナンスを行うことに加え，それ以外のリスクマネジメント，すなわち内部リスク縮小とリスクコントロールも併せて行っていかなければならない。内部リスク縮小は，企業・組織が自らの事業・投資活動を調整することにより，内部的に期待損益の変動性を縮小するものである。また，リスクコントロールは，企業・組織が，物理的にリスクに対処することにより，期待損失自体を引き下げるものである。本章では，これらのリスクマネジメントの活動または方法がどのような機能を有し，どのように利用すべきかについて分析していく。

KEY WORD

リスク分散　多角化　ポートフォリオ管理　大数の法則
中心極限定理　情報投資　回帰分析　損失回避
損失縮小　限界便益　限界費用

第Ⅱ部　リスクファイナンスの種類と機能

1．内部リスク縮小

(1) リスク分散

　企業・組織が内部的に期待損益の変動性を縮小する方法の一つとして挙げられるものが，**リスク分散**である。リスク分散には，利益または損失発生が互いに独立である事業プロジェクトを組み合わせた**多角化**を行うことや，同様に相関の低い投資資産を組み合わせた**ポートフォリオ管理**を行うことなどが含まれ，これらの活動により，企業・組織全体としての期待損益の変動性を縮小することができる。

　たとえば，ある製品Aの製造を行っている企業の例を挙げて考えてみたい。この企業が，生産拡大のため同じ施設で製品Aの製造を2倍にする集中戦略と，製品Aの製造規模は据え置き，新たに同じ数量の製品Bの製造を行うリスク分散戦略とを，不良品製造による損失のリスク縮小の視点から比較しているとしよう。製品AとBはともに5パーセントの確率で不良品が生じ，その場合の損失は，現在の生産量で1,000万円であるとする。

　製品AとBの不良品発生に相関がなく，それぞれ独立であるとすると，これらの2つの戦略において起こり得るケース，その発生確率と損失，そして全体の期待損失は**図表9－1**のとおりとなる。集中戦略を採用した場合，不良品の

図表9－1 独立的な2つのリスクエクスポージャのリスク分散

	起こり得るケース	発生確率	損失（万円）	期待損失（万円）
集中戦略	不良品あり	0.05	2,000	0.05×2,000 +0.95×0 = 100
	不良品なし	0.95	0	
リスク分散戦略	A・Bともに不良品あり	0.05×0.05=0.0025	2,000	0.0025×2,000 +0.095×1,000 +0.90×0 = 100
	A・Bどちらか一方に不良品あり	2×0.05×0.95 =0.095	1,000	
	不良品なし	0.95×0.95=0.9	0	

第9章 内部リスク縮小とリスクコントロール

発生確率は5パーセントで変わらないものの,生産量が2倍になったことに伴い,損失は2,000万円となる。いっぽうリスク分散戦略を採用した場合は,製品AとBとも不良品が発生するケース,どちら一方に不良品が発生するケース,そしていずれにも不良品が発生しないケースの3種類の結果が想定され,損失はそれぞれ2,000万円,1,000万円,0円となる。期待損失は,どちらの戦略を採用した場合でも変わりなく100万円である。また,不良品が全く発生しない確率は,集中戦略では95パーセントであるのに対して,リスク分散戦略では90パーセントに低下していることがわかる。しかし,2,000万円の損失を被る確率は,集中戦略で5パーセントだったものが,リスク分散戦略では0.25パーセントと大きく低下している。1,000万円の損失を被る確率が9.5パーセントあるものの,極端な結果に直面する確率は低下していることがわかる。

同様に製品Aの生産を3倍に増やす集中戦略と,製品A,Bに加え,同じ不良品発生の頻度と損失の強度を伴う製品Cを同じ量追加して生産するリスク分散戦略を比較すると,**図表9－2**のようになる。期待損失はいずれの戦略も150万円であるが,集中戦略では不良品が発生しない確率が95パーセントであ

図表9－2 独立的な3つのリスクエクスポージャのリスク分散

	起こり得るケース	発生確率	損失（万円）	期待損失（万円）
集中戦略	不良品あり	0.05	3,000	0.05×3,000 +0.95×0 = 150
	不良品なし	0.95	0	
リスク分散戦略	A・B・Cともに不良品あり	0.05×0.05×0.05 =0.000125	3,000	0.000125×3,000 +0.007125×2,000 +0.135375×1,000 +0.857375×0 = 150
	A・B,A・C,B・Cのいずれかの組み合わせで不良品あり	3×0.05×0.05×0.95 =0.007125	2,000	
	A・B・Cいずれか一つに不良品あり	3×0.05×0.95×0.95 =0.135375	1,000	
	不良品なし	0.95×0.95×0.95 =0.857375	0	

第Ⅱ部 リスクファイナンスの種類と機能

るのに対して，リスク分散戦略では約86パーセントに低下することがわかる。また，後者では，損失が1,000万円となる確率は約14パーセントとなる。しかし，損失が2,000万円，3,000万円となる確率は，順に1パーセント，0.0125パーセントと極めて低くなり，この企業が高額の損失を被る事態は，まれにしか起こらないことがわかる。

(2) 大数の法則と中心極限定理

さらに製品の種類を増やしていくと，極端に高額の損失を被る確率は一層低くなるとともに，期待損失に近い水準の損失を被る確率が高くなる。このようにエクスポージャの数を多くすれば，極端な結果が減り，損失または利益の期待値の周辺の結果が起きやすくなることは，**大数の法則**により説明できる。大数の法則は，偶然に見える事象のサンプル数を多くすれば，それだけ実際の結果が予測された値に近づくというものである。たとえば，サイコロを振ったときに出る目の数を考えてみよう。言うまでもなく1の目が出る確率は6分の1であるが，サイコロを振るという試行を6回行ったからといって1の目が1回だけ出るとは限らず，複数回出る場合も，全く出ない場合もあるだろう。しかし，試行を60回に増やせば，1の出る回数は10を中心とした周辺に分布するようになる。次第に試行回数を600回，6,000回，60,000回に増やして行けば，1の目が出る回数はそれぞれ100回，1,000回，10,000回の周辺となり，そのばらつきすなわち期待値の相対的な変動性は縮小していく。

第11章で詳しく見ていくように，期待値の変動性は，標準偏差などの指標で計量的に評価できるが，同じポートフォリオ内で保有・管理する財物，事業プロジェクト，投資資産の数を多くすれば，大数の法則に従って標準偏差は縮小し，実際に生じる損益が期待値に近い値となりやすくなる。**図表9-3**は，純粋リスクエクスポージャを前提として実際の結果がどの値にどの程度分布しているのかを表すヒストグラムの一例であるが，リスクエクスポージャの数が少ないときには，その形状は同図表の破線Aのようになり，明確な規則性が見られず，極端な結果も起きやすい。しかし，リスクエクスポージャの数を増やし

第9章　内部リスク縮小とリスクコントロール

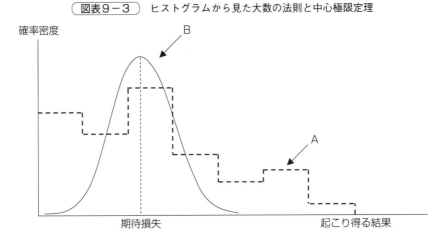

図表9－3　ヒストグラムから見た大数の法則と中心極限定理

ていけば，実際の結果の分布は，同図表の曲線Bで示したような期待損益の周辺が最も高い，なだらかな形状になっていく。

また，同図表の破線Aに比べ，曲線Bは左右対称のベル型を示していることがわかる。このように期待値を中心に起こりうる結果が分布している確率分布は正規分布と呼ばれる。リスクエクスポージャの数を増やせば増やすほど確率分布が正規分布に近づくことは，**中心極限定理**と呼ばれる。正規分布の性質はよく知られており，期待値と標準偏差を見出せれば，確率分布全体を把握することができるため，企業・組織にとっても管理しやすいものになる。正規分布については，第11章で詳しく分析するが，企業・組織が，ポートフォリオに含まれるリスクエクスポージャを増やせば増やすほど，期待値の変動性が縮小するとともに，正規分布に近づき，より対処しやすいものとなる。

(3)　リスク分散とポートフォリオ管理

しかし，大数の法則や中心極限定理が常に機能するとは限らない点には留意しなければならない。たとえば，図表9－1で取り上げた2つの製品を製造するケースを，再度考えてみたい。製品AとBが同じ設備を用い，同じ工程で製造される場合，両方に不良品が発生する確率は高くなる。かりに製品Aに不具

第Ⅱ部　リスクファイナンスの種類と機能

合が生じれば必ず製品Bにも不具合があり，製品Aに問題がなければ製品Bにも問題がないとすれば，不良品は5パーセントの確率で発生し，95パーセントの確率で発生しないこととなる。これは，製品Aのみを製造する場合と変わらず，不良品が発生して2,000万円の損失を被るか，そうでなければ損失を被らないという2つの結果のみとなり，リスク分散は行われていないことになる。

　このような極端な例でなくとも，ポートフォリオ内のリスクエクスポージャのキャッシュフローに，相互に従属性が見られれば，十分なリスク分散が行えないこととなる。**図表9-4**に示したように，ポートフォリオを構成するリスクエクスポージャの損益が独立的であれば，実線Aのようにリスクエクスポージャの数が増えればそれだけキャッシュフローの期待値の変動性，すなわちリスクは縮小されていく。個々のリスクエクスポージャのキャッシュフローが互いに従属的であれば，同図の破線Bのようにリスク縮小幅は限定的で，リスクエクスポージャの数をいくら増やしても，除去できないリスクが残余する。また，先に見たような完全に従属的なリスクエクスポージャにより構成されるポートフォリオでは，同図表の破線Cのようにリスクエクスポージャの数を増やしてもリスクは全く縮小されないこととなる。

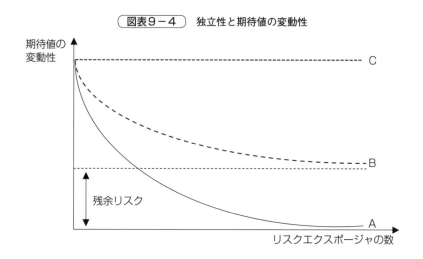

図表9-4　独立性と期待値の変動性

第9章 内部リスク縮小とリスクコントロール

　以上のように，リスク分散を行う際には，ポートフォリオに含まれるリスクエクスポージャが独立である必要がある。このことを理解するために，2つの投資機会によって構成されるポートフォリオを例に挙げて考えてみたい。ある企業・組織が，**図表9-5**に示した投資機会Aと組み合わせて，投資機会BまたはCをポートフォリオに組み入れようとしていると仮定する。投資機会からのリターンの平均は，Aが1,000万円，BおよびCがともに3,000万円となる。したがって，ポートフォリオに，AとBをそれぞれ0.5単位ずつ組み入れても，AとCを同様に組み入れても，ポートフォリオのリターンは2つの投資機会の平均である2,000万円になる。

　次に，これらの投資機会のリスクを，第11章において計算方法を述べる標準偏差により求めると，すべて2,000万円となる。さらにAとB，AとCの第1期から第5期までのリターンの傾向を比べると，AとBは互いに逆の動きを示す傾向があるのに対して，AとCはともに似通った動きであることがわかる。そこで，2つの投資機会の独立性を示す指標として，同じく第11章において取り上げる相関係数を求めると，AとBの相関係数は－1.00となり完全な負の相関であるいっぽうで，AとCのそれは0.95となり正の相関があることがわかる。

図表9-5　完全に独立的な投資機会のポートフォリオリスク

(万円)

投資機会	t_1	t_2	t_3	t_4	t_5	平均値	標準偏差	Aとの相関係数
A	1,000	2,000	－2,000	0	4,000	1,000	2,000	
B	3,000	2,000	6,000	4,000	0	3,000	2,000	－1.00
C	2,000	4,000	0	3,000	6,000	3,000	2,000	0.95

ポートフォリオ構成	t_1	t_2	t_3	t_4	t_5	平均値	標準偏差
0.5 (A+B)	2,000	2,000	2,000	2,000	2,000	2,000	0
0.5 (A+C)	1,500	3,000	－1,000	1,500	5,000	2,000	1,975

第Ⅱ部　リスクファイナンスの種類と機能

　実際にAとBを0.5単位ずつ組みわせたポートフォリオと，AとCを同様に組み合わせたポートフォリオの各期のリターンを見ると，前者は常に安定して2,000万円であるのに対して，後者は－1,000万円から5,000万円の間で変動している。そこで両者の標準偏差を求めると，ポートフォリオ（A＋B）は０となり，リスクが完全に取り除かれたいっぽうで，ポートフォリオ（A＋C）は，1,975万円となり，投資機会Aにのみ投資する場合の標準偏差2,000万円と比べ，リスクは極めて限定的にしか縮小できていないことがわかる。

　このようなポートフォリオによるリスク分散の効果は，**図表９－６**のように示すことができる。ポートフォリオのリターンは，投資機会AとBまたはAとCを組み合わせても，いずれも平均である2,000万円となるが，互いに独立である投資機会AとBのポートフォリオのリスクは０となったのに対して，互いに従属的なAとCのポートフォリオは1,975円のリスクが残存することになる。かりに投資機会Aと完全に従属的な別の投資機会を組み合わせた場合，そのポートフォリオのリスクとリターンは，同図表のD点で示され，リスク分散は全くなされないことになる。反対に組み合わせる投資機会の独立性が高ければ高いほど，同図表の矢印で示したようにリターンの水準は維持しながらリスクを縮

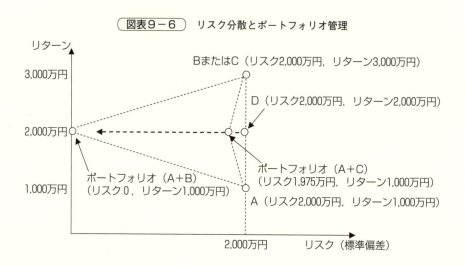

図表９－６　リスク分散とポートフォリオ管理

第9章　内部リスク縮小とリスクコントロール

小することが可能である。このように，リスク分散を行う際には，ポートフォリオに含まれるリスクエクスポージャの独立性に留意することが求められるが，そのためには，独立性を量的に把握し，ポートフォリオ構成の意思決定を行う必要がある。この際に役立つ指標が，先にも触れた相関係数であるが，これらについては第11章で詳しく述べることとする。

(4) 情報投資
① 情報投資による将来予測の精度向上

独立的な数多くのリスクエクスポージャによりポートフォリオを構成するリスク分散が現在のリスク縮小に貢献するものであるのに対して，将来の期待損益とその変動性を，高い精度で予測することにより，キャッシュフローの変動性や，そのキャッシュアウトフローの増加に，効率よく備えるための活動が，**情報投資**である。情報投資も，大数の法則と中心極限定理に支えられている。すなわちリスクエクスポージャからの損益に関する現在の，そして過去の統計情報を可能な限り多く収集し，統計を編纂すれば，それを基礎として将来のキャッシュフローの期待値を，より正確に予測することができる。キャッシュフローの変動性の拡大や，損失の発生が予測されれば，それらに備えて，予め適切にリスク移転やリスク保有を手当てすることができ，事後的に外部資金を調達する必要がなくなり，そのための追加的費用の負担も生じない。

② 回帰分析による将来予測

企業・組織が，十分に数多くの純粋リスクエクスポージャに生じた過去から現在までの損失に関する情報を収集できたとすると，それに基づいて将来の期待損失を，より正確に把握することができる。過去の情報から将来を予測する際には，しばしば**回帰分析**が行われる。

たとえば数多くの自動車を所有し，それを使用して運送業を営む企業の場合，過去の自動車事故発生の頻度が，**図表9－7**のとおりであった場合，この企業は将来を時系列回帰により予測することができる。同図の水平軸は時間経過を，垂直軸は事故発生の頻度を示している。水平軸のt_0が現在を，それより左方の

第Ⅱ部　リスクファイナンスの種類と機能

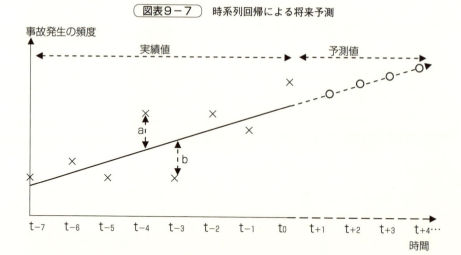

図表9－7　時系列回帰による将来予測

　t_{-n}が過去を，右方のt_{+n}が将来を，それぞれ示している。過去7期分および現在の事故発生の頻度の実績が図表の×記号のとおり得られたとする。事故発生の頻度は期ごとに上下しながらも，全体として直線的に上昇していることが読み取れる。そこでこの企業は，直線回帰分析により，過去の事故発生の頻度にもっとも近い直線の関数を探し出すことができる。実際には，各期の実績値からの差が最小となる直線を逆算的に求めるが，実際の差の値は，たとえば同図表のt_{-4}のaのように正となったり，t_{-3}のbのように負となったりするため，互いに相殺され，これらの累計値はゼロとなる。それを回避するためにすべての差を二乗することで正の値に変換し，その累計値が最小となる直線，すなわち最小二乗直線を求めればよい。そして，最小二乗直線の将来方向への延長上に，今後の事故発生の頻度が推移すると見込むことができ，それに備えたリスクファイナンスなどの手当を無駄なく行うことが可能となる。この例においては単純化のため，直線回帰分析を取り上げたが，過去の実績値から逓増的または逓減的に推移していることが読み取れた場合には，指数回帰や対数回帰などの曲線回帰分析により将来予測を行うことになる。しかしいずれも場合も，基礎となる統計情報が高い精度で収集され，十分なサンプル数が確保できているこ

とが，正確な将来予測には必修であるため，企業・組織は継続的に情報投資を行う必要がある。

2．リスクコントロール

　リスクコントロールが，発生する損失の頻度および強度の双方またはいずれかを縮小することにより，期待損失を低下させるリスクマネジメントであることは，第2章において触れたとおりである。リスクファイナンスがリスクに金銭的に対処するものであるのに対して，リスクコントロールは，リスクに物理的に対処する方法であるとみることもでき，その機能により損失回避と損失縮小に分類できる。

(1) 損失回避と損失縮小

　損失回避は，主に損失発生の頻度を低下させ，そのことにより期待損失を低下させる方法である。たとえば第2章において取り上げた例のように，運送業を営む企業が，自動車事故のリスクに対処するために行える損失回避には，厳格な車両の検査・整備や，運転者に対する安全運転訓練の実施，勤務時間の調整などが挙げられ，また，製造業を営む企業が，工場での火災のリスクに対処するための損失回避には，火気の使用制限や，火気使用マニュアルの整備などが挙げられた。さらに徹底した損失回避としては，企業・組織が損失発生の可能性の高い危険な事業を縮小したり，それから撤退することが挙げられる。たとえば，ガソリンやガスなど危険物の運送を行う企業は，その事業内容をより安全な食料品や衣料品の運送に切り替えることで，損失発生の頻度を低下させることができる。

　損失発生の頻度を低下させる損失回避に対して，**損失縮小**は，主に損失の強度を低下させることにより，期待損失を引き下げるものである。上記と同じ運送業を営む企業が行える損失縮小としては，運転者に対する事故対応マニュアルの整備やそれに基づく事前訓練の実施などが挙げられる。また，製造業を営

第Ⅱ部　リスクファイナンスの種類と機能

む企業が火災に備える場合は，工場への防火壁の設置や，スプリンクラーの配備などが，損失縮小の活動として挙げられる。

　また，製薬会社が新薬の安全性を厳格に検査することは，薬害などの事故の発生自体を防止すると同時に，発生した事故が重大なものとならないことを目的として行われるものであり，損失回避および損失縮小の双方の機能を持ったものである。同様に，自動車への運転補助機能の付加や，安全停止装置の装備なども，損失発生の頻度と，その強度の双方を低下させるリスクコントロールであるといえる。

(2) リスクコントロールの便益と費用

　リスクコントロールは，リスクエクスポージャからもたらされる直接損失，間接損失を含む損失の期待値を低下させるという便益を企業・組織にもたらし，これにより，損失発生に伴う将来キャッシュフローの減少を防ぐことができる。しかし，リスクコントロールは，常に低費用で実施できるわけではない。たとえば，家庭用電気機器を製造する企業が，製品の欠陥による事故を防ぐために，綿密な品質検査を行う場合，それによって事故による期待損失は低下するものの，そのためには少なからぬ人件費・物件費が必要となる。先に挙げた製薬会社の例では，新薬の安全性検査を厳格に行えば行うほど，そのための諸費用は高額となる。このような直接損失に加え，新薬の販売が遅れることにより，本来であれば早期に得られたであろう利益を失うばかりでなく，競争者に顧客を奪われれば，将来にわたって大きな損失を被ることになる。さらに先に挙げた危険物の運送を行う企業が，期待損失をゼロにしようとすれば，その事業から完全に撤退しなければならない。この場合，期待損失は確実に低下させることができても，そこから本来得られたであろう利益を恒久的に失うことになる。

　このようにリスクコントロールを手厚く行えば行うほど，期待損失は低下するものの，その程度は徐々に鈍っていくいっぽうで，そのためにかかる費用は徐々に増加していくと考えられる。このことは，図表９－８のとおり表される。同図表からわかるように，リスクコントロールの努力水準を引き上げれば引き

第9章　内部リスク縮小とリスクコントロール

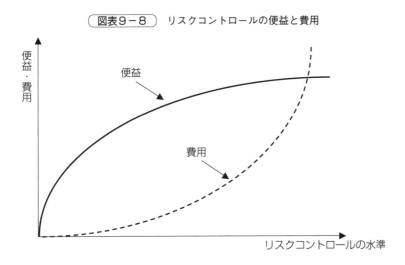

図表9-8　リスクコントロールの便益と費用

上げるほど，そのための費用は同図表の破線のように逓増的に増加するいっぽうで，それによる期待損失の低下という便益は，実線が示すように逓減的にしか増加しないといえる。したがって企業・組織は，期待損失がゼロになることを目指してリスクコントロールを行えば，そのための費用が便益と比較して過大となり，その結果，企業・組織価値を引き下げることにもなりかねないことがわかる。

　適切なリスクコントロールの水準は，どのように見出すことができるだろうか。このときの判断基準となり得る指標が，リスクコントロールの**限界便益**と**限界費用**である。限界便益は，リスクコントロールの水準を一単位引き上げることから得られる便益を，限界費用はその水準を一単位引き上げるために必要な費用を指す。単純化のため，リスクコントロールの水準を引き上げるに従い，限界便益と限界便益がともに直線的に減少または増加すると仮定すれば，これらは**図表9-9**に示したように，前者は右下がりの実線のように，後者は右上がりの破線のようになる。ここからも，リスクコントロールの水準を引き上げれば，限界便益が一貫して低下していくいっぽうで，限界費用は増加していくことがわかる。そして，両者の交点eを超えてリスクコントロールを行えば，

第Ⅱ部　リスクファイナンスの種類と機能

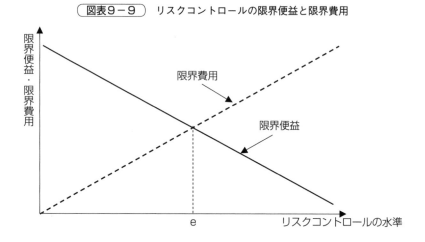

図表9-9　リスクコントロールの限界便益と限界費用

限界便益を限界費用が超え，その結果，企業・組織は自らの価値を低下させることになる。したがって，リスクコントロールは，eを超えない水準で実行し，残余のリスクにはリスクファイナンスなどの他のリスクマネジメントの方法で対処すべきである。

3．まとめ

　本章では，企業・組織がリスクファイナンスとともに行う必要があるリスクマネジメントとして，内部リスク縮小とリスクコントロールについて見てきた。企業・組織が自らの活動をとおして内部的にリスクを縮小する内部リスク縮小には，リスク分散と情報投資が含まれた。互いに相関の低い数多くの財物，事業プロジェクト，投資資産などのリスクエクスポージャによるポートフォリオを構成し，管理することにより，ポートフォリオ全体としてのキャッシュフローの変動性を縮小することができた。企業・組織はまた，数多くのリスクエクスポージャからの情報を収集し，統計を編纂・分析するという情報投資をとおして，将来のキャッシュフローの水準と，その変動性の予測精度を高め，起こり得る事態にリスクファイナンスなどにより効率的に備えることができた。

第 9 章　内部リスク縮小とリスクコントロール

このようなリスク分散と情報投資を支える統計の理論が，大数の法則と中心極限定理であった。

　リスクコントロールには，主に損失の頻度を低下させることで期待損失を低下させる損失回避と，損失の強度を低下させることにより期待損失を引き下げる損失縮小があるが，これらの活動を行う際には，それによる期待損失の低下という便益と，それにかかる費用を比較することが必要である。このときの意思決定基準となる指標が，限界便益と限界費用であった。すなわち，企業・組織がその価値を低下させないためには，限界費用が限界便益を超えない範囲でリスクコントロールを行う必要があった。

確認と議論

1．保険会社が，保険契約を引き受ける際に行い得るリスク分散には，どのようなものがあるだろうか。

2．保険会社は，大数の法則に従って，どのような業務を行っているだろうか。

3．企業・組織がキャプティブによりリスク保有を行うためには，まず何をすべきであろうか。

4．運送業を営む企業・組織が，所有する自動車による事故を完全に回避するためには，どのような費用を負担しなければならないだろうか。

第Ⅲ部
リスクファイナンスのプロセス

第10章 リスクエクスポージャの認識

　リスクファイナンスを中心にリスクマネジメントの様々な活動・方法について，第3章から前章まで7章にわたって見てきた。これらの諸活動・方法を，企業・組織はどのようなプロセスで選択し実行していくべきだろうか。本章から第12章までの3章では，企業・組織リスクファイナンスの具体的なプロセスについて，リスクの認識，リターンとリスクの測定，そしてリスクファイナンスの選択と実行にわけて理解していく。そのなかで本章では，最初にリスクファイナンスのプロセスの全体像を確認したうえで，純粋リスクエクスポージャ，価格リスクエクスポージャ，そして信用リスクエクスポージャに，それぞれどのようなものが含まれ，どのように認識すべきかを見ていく。

KEY WORD

リスクエクスポージャ　　純粋リスクエクスポージャ
人身損失エクスポージャ　傷害　疾病　後遺障害
死亡　退職　直接損失　間接損失　事業中断
休業損失　財物損失エクスポージャ　時価額
新規調達価額　経年減価額　市場価値　固有価値
賠償責任損失エクスポージャ　生産物賠償責任
経営者賠償責任　専門職業人賠償責任　環境汚染賠償責任
価格リスクエクスポージャ　信用リスクエクスポージャ
支払遅延　支払不能　財務健全性

第Ⅲ部　リスクファイナンスのプロセス

1．リスクファイナンスのプロセス

　リスクファナンスとリスクマネジメントの全体的な体系については第2章において触れたが，リスクファイナンスの体系化が進むと同時に，それが実施されるプロセスも整備されてきた。現在の企業・組織のリスクファイナンスは，対象とするリスクの種類に関わりなく，一般的に**図表10－1**に示したとおりのプロセスで行われる。

　リスクの認識のプロセスでは，キャッシュフローの低下を引き起こすおそれのある**リスクエクスポージャ**と，その変動性が拡大するおそれのあるリスクエクスポージャを特定していく。それに続いて，リターンとリスクの測定においては，リスクエクスポージャからの損益の期待値と，そこからの乖離度合いを量的に計測し，企業・組織のキャッシュフローにどの程度の影響を及ぼすのかを把握する。これに基づき，次のリスクファイナンスの選択のプロセスでは，個々のリスクエクスポージャに対して利用可能なリスクファイナンスを選択し，

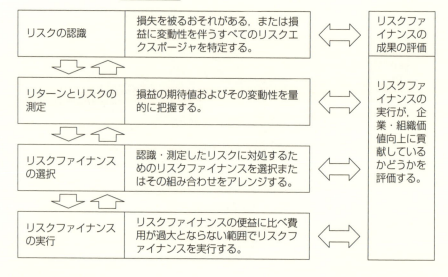

図表10－1　リスクファイナンスのプロセス

第 10 章　リスクエクスポージャの認識

場合によっては複数の方法の組み合わせをアレンジする。さらにリスクファイナンスの実行にあたっては，選択した方法の便益と費用がどの程度になるのかを確認し，前者に比べ後者が過大とならない水準で行う必要がある。さらに，リスクファイナンスの実行後に限らず，それを実行している過程においても，それからの成果が企業・組織価値を引き上げているのかどうかを継続的に評価し，価値を引き下げているようであれば，前のプロセスに遡り，意思決定が適切だったかどうかを確認し，必要に応じ対応を変更していく。

　以下では，これらのうちリスクファイナンスの最初のプロセスであるリスクエクスポージャの認識について，第1章で分析したリスクの種類である純粋リスク，価格リスク，そして信用リスクの別にて見ていく。

2．純粋リスクエクスポージャの認識

　純粋リスクが何らかの事故の発生が損失につながり得るリスクであることは，第1章において述べたが，このような純粋リスクにさらされている人的・物的資源を**純粋リスクエクスポージャ**または**損失エクスポージャ**という。純粋リスクは保険によって対処可能な場合が多いことは繰り返し述べたが，重大な純粋リスクエクスポージャの認識漏れは，必要な保険などの手当ての欠落につながり，事故が発生すれば高額の損失を被ることにもなる。こうした事態は，結果的に企業・組織価値の低下につながる。

　企業・組織が自らの純粋リスクエクスポージャを認識するためには，経営者・管理者の意思決定状況，事業所などの財物の使用・管理状況，従業員の業務内容など多くの事項を調査していかなければならない。しかし，企業・組織は，保険契約を結んでいる保険会社からリスク認識を含めたリスクコントロール・サービスを受けることや，リスクマネジメント専門事業者にこうした業務を委託することもできる。その場合に保険会社や専門事業者は，顧客である企業・組織に対して包括的なチェックリストを提供するとともに，企業・組織の工場や店舗などの現地に専門の従業員を派遣し，個々の純粋リスクエクスポー

第Ⅲ部　リスクファイナンスのプロセス

ジャを特定していく。これによって明らかとなった純粋リスクエクスポージャに関して，保険会社やリスクマネジメント専門事業者は，必要な具体的改善策を提示していく。第13章で詳細に分析するように，保険会社やリスクマネジメント専門事業者にリスク認識に関わる業務を委託するほうが，企業・組織が自らこれを行うことより，費用または効果の面で有利な場合が多い。

　純粋リスクエクスポージャは，企業・組織により詳細は異なるが，大きく人身損失エクスポージャ，財物損失エクスポージャ，そして賠償責任損失エクスポージャに分類することができる。

(1)　人身損失エクスポージャ

　企業・組織は，その従業員などの人的資源に関して人身損失を被るおそれもあり，**人身損失エクスポージャ**の認識も重要である。企業・組織は，雇用契約上の合意に基づく福利厚生の一環としても，また，公的医療保険や労働災害補償保険，企業年金などの公的諸制度によっても，従業員などの**傷害**，**疾病**，**後遺障害**，**死亡**および**退職**に対して，一定の保障または補償を提供しなければならない。これらは，人身損失エクスポージャからの**直接損失**であるが，直接損失の発生に起因して二次的に生じる**間接損失**の負担も忘れてはならない。従業員が休業または退職することで，**事業中断**または縮小をせざるを得なくなった場合には，得られたであろう利益を失うことになる。事業継続していれば本来得られたであろう失われた利益は**休業損失**と呼ばれ，重大な間接損失となる。さらに，損失を被った人材が死亡や退職などにより恒久的に業務に復帰できなくなった場合には，同等の能力を持つ代替の人材を確保しなければならない。このためには，人材の募集や選考のための新規採用費用，そして採用後も教育・研修のための費用など，様々な費用負担が求められ，これらも人的損失エクスポージャの間接損失として認識しておくべきである。**図表10－2**は，企業・組織が人身損失エクスポージャを認識する際に利用できるチェックリストの例である。

第 10 章　リスクエクスポージャの認識

図表10－2　人身損失エクスポージャ認識のためのチェックリスト

直接損失	・従業員などがどのような業務に従事し，それによる傷害，疾病，後遺障害，死亡の頻度はどのくらいか。 ・傷害，疾病，後遺障害，死亡に伴い，どのような保障・補償をいくら提供する必要があるか。 ・従業員などの退職の頻度はどの程度であり，どのタイミングと見込まれるか。 ・退職に伴い，どのような保障・補償をいくら提供する必要があるか。
間接損失	・従業員などの傷害，疾病，後遺障害，死亡により，事業を中断または縮小する必要があるか。 ・事業中断・縮小する場合，その期間，休業損失の金額は，いくらに見込まれるか。 ・事業復旧後の利益縮小は，どの程度か。 ・従業員の退職，死亡により，新たな人材確保のための新規採用，教育・研修のための費用はどれくらいか。

(2)　財物損失エクスポージャ

　企業・組織は事務所，工場，倉庫，店舗，そしてそれらに収容されている什器，備品，商品などの財物を所有したり，利用したりすることをとおして事業を行っている。**財物損失エクスポージャ**は，損失が発生するおそれがあるこれらの財物を指すが，これを認識するために企業・組織のリスクファイナンスにおいては，まずどのような財物に，何を原因として，どのような直接損失および間接損失が，いくら発生するのかを特定しなければならない。図表10－3は，財物損失エクスポージャの認識のためのチェックリストの例である。

　直接損失エクスポージャの認識においては，財物の種類，損失の原因の特定に加え，財物をどのように評価すべきかを考えなければならない。財産の価値評価にはいくつかの方法があるが，財務管理上最も広く利用されているものが，**時価額**である。これは財物の**新規調達価額**から**経年減価額**を差し引いたものである。しかし時価額は，財物が損失を被ったときに修理，修繕または再調達するために必要な金額を示しているとは言えず，純粋リスクエクスポージャの認識の際に用いるには，必ずしも適切ではない。別の評価指標として，財物の所有者以外の当事者が，それに対して支払ってもよいと認める価値である**市場価値**を用いることもできる。これに対して，**固有価値**は，現在の所有者である企

153

第Ⅲ部 リスクファイナンスのプロセス

図表10−3 財物損失エクスポージャ認識のためのチェックリスト

直接損失	・どのような事務所，工場，倉庫，店舗，什器，備品，商品を所有・利用しているのか。 ・所有・利用する財物には，火災，洪水，地震，盗難など，どのような原因により，どのくらいの頻度で損失が発生するのか。 ・損失発生のおそれがある財物の価値は，いくらか。 ・損失発生のおそれがある財物は，修理・修繕または再調達が可能か。
間接損失	・損失の発生した財物にリスクファイナンスの手当を行っていなかった場合に，それを修理・修繕または再調達するために，外部資金調達の必要があるか。 ・直接損失発生後に，事業を中断または縮小する必要があるか。 ・直接損失発生後に事業を中断・縮小する場合，その期間の休業損失の金額は，いくらに見込まれるか。 ・事業復旧後の利益減少分は，いくらに見込まれるか。 ・直接損失発生後に事業継続するために必要な設備・資源の種類は何か，代替の設備・資源確保のための費用はどれくらいか。

業・組織自身が認める財物の価値として捉えることができる。もし，その財物が企業・組織にとって固有の利益を生み出すのであれば，固有価値は市場価値を超え，そうでなければ，固有価値は市場価値と同値となる。再調達価額とも呼ばれる新規調達価額は，全部損失を被った財物を買い替えるために必要な金額であり，もとの財物の経年減価額分や，そして再調達する新規財物の品質の改善による価格上昇などにより，市場価値を超える場合が多い。企業・組織リスクマネジメントにおいては，財物の利用実態および重要度に応じて，これらの財物評価方法を選択することとなるが，損失発生後の迅速な復旧を前提とすれば，固有価値または新規調達価額に基づいて，財物の価値を評価することが適切であろう。

　間接損失は，財物に直接損失が発生することに起因して，二次的または派生的に被る損失であり，企業・組織にとって，しばしば直接損失より高額となり，キャッシュフローに重大な影響を及ぼし得るものである。たとえば，火災により工場が閉鎖された場合，一次的には損傷を受けた建物，什器，備品などを修繕または新たに購入する費用を含む直接損失を負担しなければならない。しかし損失はそれだけにとどまらず，製品製造が中断することにより，休業損失を

被ることになる。しかも,事業を中断したとしても,従業員への給与支払いなどの費用は継続的にかかる場合が多い。これらに加え,かりに事業復旧後,従来の顧客が他の競争者に供給源を切り替えていたような場合は,将来にわたって利益の減少に悩まされることになる。このように,事業中断または縮小は,その後も企業・組織に甚大な間接損失をもたらすことになるため,財物損失エクスポージャの認識は,損失発生後も可能な限り事業を継続すること,そしてかりに事業を中断した場合も早期に復旧し再開できることを前提として行われるべきである。

(3) 賠償責任損失エクスポージャ

　企業・組織は,株主,債権者,顧客および原材料供給者など,多様な当事者と直接取引を行っている。また,企業・組織が活動を行う地域社会も,直接取引を行っていなくても,何らかの利害関係にあるといえる。これら企業・組織に対して直接的または間接的に利害を持つ当事者はステークホルダーという。ステークホルダーと企業・組織の関係性については,第13章で詳しく分析するが,ここでは,企業・組織がこれらのステークホルダーから損害賠償請求を受けるおそれがあることに焦点を当てる。**賠償責任損失エクスポージャ**は,企業・組織が,ステークホルダーに対して潜在的に法的に損害賠償責任を負うリスクにさらされている状態を指す。たとえば,従業員が,業務上の過失により顧客や原材料供給者に損失を与えた場合や,所有または使用する店舗や事務所,工場内においてこれらのステークホルダーが傷害を負った場合,企業・組織は,かかった修理費や医療費などに相当する損害賠償金を支払わなければならないことは言うまでもない。

　より重大な賠償責任損失エクスポージャとしては,**生産物責任**の負担が挙げられる。その例として,家庭用電気機器を製造しているメーカーについて考えてみよう。そのメーカーは,製品の安全上の欠陥によって傷害を負った顧客に対して,生産物責任としての損害賠償責任を負うことになるかもしれない。第7章で取り上げた免責と補償の合意のなかでも触れたとおり,製品の製造者で

第Ⅲ部　リスクファイナンスのプロセス

あるメーカーは，その安全性に関して情報優位にあるため，情報劣位にある顧客に対して，厳格責任に近い重い責任を負う。すなわち，その製品に製造上の欠陥がなかったこと，または顧客の傷害により損失が発生していなかったことを立証できない限りは，賠償責任を負うことになる。その結果メーカーは，顧客に対して賠償金を支払ったり，裁判に係る諸費用を負担しなければならない。これらの直接損失に加え，欠陥のある製品のリコールを行うための費用，さらに評判の低下による売上の減少，信頼の回復に向けての生産管理の改善や広報活動のための費用の負担など，多額の間接損失を被ることがあり得る。

また，株式会社形態をとっている企業の場合には，株主に対して同様に重い賠償責任である役員賠償責任とも呼ばれる**経営者賠償責任**を負うおそれがある。これは，経営者が適切な意思決定に基づいて経営行動をとらなかったり，株主の利益に反した行動をとったことにより株価が下落した場合に，経営者が株主に対して負う賠償責任である。経営者賠償責任の場合も，企業・組織の経営実態に関して，株主は情報劣位にあるのに対して，経営者は情報優位な立場にあるため，より重い賠償責任が課せられる。とくに公開株式会社の場合には，資本規模も大きく，経営者賠償責任の負担によるキャッシュフローへの影響は甚大となる。

また，会計士事務所，税理士事務所，弁護士事務所，司法書士事務所，そして医療機関など，専門職業人の専門的知識・技能に大きく依存する企業・組織の場合には，業務上の過誤により顧客に損失を与える事態にもなり得る。その結果，重い賠償責任である**専門職業人賠償責任**を負うことになる。

さらに，企業・組織がその事業活動を通じて，騒音，大気汚染，水質汚濁，土壌汚染や景観の悪化などを引き起こし，地域社会が損失を被ることもあり得る。このような必ずしも直接取引関係にはない当事者に，環境汚染としての負の外部性をもたらした場合にも，事業活動の環境への影響に関して十分情報を得る立場にあり，それを管理可能な企業・組織は，やはり重い**環境汚染賠償責任**を負うことになる。

図表10－4は，以上のような賠償責任損失エクスポージャを認識するため

第10章 リスクエクスポージャの認識

図表10－4 賠償責任損失エクスポージャ認識のためのチェックリスト

直接損失	・生産物賠償責任など顧客に対して，どのような賠償責任を，どのくらいの頻度で負うおそれがあるのか。また，賠償金は，いくらに見込まれるのか。 ・経営者賠償責任など株主に対して，どのような賠償責任を，どのくらいの頻度で負うおそれがあるのか。また，賠償金は，いくらに見込まれるのか。 ・事業活動によって，顧客に対してどのような過誤を，どのくらいの頻度で引き起こすおそれがあるのか。また，賠償金は，いくらに見込まれるのか。 ・事業活動によって，どのような環境汚染を，どのくらいの頻度で引き起こすおそれがあるのか。また，賠償金は，いくらに見込まれるのか。 ・原材料供給者，債権者，競争者など，どのようなステークホルダーが企業・組織の活動によって，どのような損失を，どのくらいの頻度で被るおそれがあるのか。また，賠償金は，いくらに見込まれるのか。 ・裁判費用などの法律費用は，いくらに見込まれるのか。
間接損失	・生産物賠償責任を負った場合の，製品リコールおよび被害拡大防止のための費用は，いくらに見込まれるのか。 ・生産物賠償責任を負った場合の，評判の低下による利益の減少分はいくらに見込まれるのか。また，信頼回復のための業務改善や広報活動などの費用は，いくらに見込まれるのか。 ・経営者賠償責任を負った場合の，債権者，顧客，原材料供給者などとの契約条件の改悪の可能性と，そのための費用はいくらに見込まれるのか。 ・環境汚染賠償責任を負った場合の，評判の低下による利益の減少分はいくらに見込まれるのか。また，信頼回復のための業務改善や広報活動などの費用は，いくらに見込まれるのか。 ・原材料供給者，債権者，競争者，地域社会などに対して賠償責任を負った場合の，評判の低下により利益の減少分はいくらに見込まれるのか。また，信頼回復のための業務改善や広報活動などの費用は，いくらに見込まれるのか。 ・賠償責任を負った結果，財務困難に陥る可能性と，その際の外部資金調達費用は，いくらに見込まれるのか。

のチェックリストの例である。

3．価格リスクエクスポージャの認識

　純粋リスクエクスポージャと並んで，企業・組織は，自らがさらされる**価格リスクエクスポージャ**についても認識する必要がある。価格リスクは，第1章

第Ⅲ部　リスクファイナンスのプロセス

で分析したとおり，何らかの事故・事象が発生した場合に，それを原因として損失または利益が生じるリスクのことである。価格リスクには先物やオプションなどのヘッジにより対処できることは第6章などですでに述べたが，企業・組織のキャッシュフローに大きく影響する価格リスクエクスポージャを特定できていなければ，適切なヘッジをアレンジできず，利益も得る可能性がある反面，大きな損失につながるおそれもある。その結果，次章以降で述べるキャッシュフローの変動性，すなわちリスクが拡大し，企業・組織は追加的な費用を負担することになる。

純粋リスクエクスポージャには，保険をはじめとするリスクファイナンスとともに，期待損失を引き下げる機能を持つリスクコントロールを企業・組織が適切に行うことにより対処できた。しかし価格リスクエクスポージャに含まれる商品価格，為替，そして金利の変動は，企業・組織が内的に管理可能なものではなく，マクロ経済情勢をはじめとする外的要因に依存するものが多い。これらに対処可能なリスクコントロールとしては，価格リスクエクスポージャに関わる事業活動の停止など，消極的かつ限定された方法しか存在しない。したがって，リスクファイナンスによっていかに対処するかが，より重要となる。

価格リスクエクスポージャの認識においては，企業・組織は自らの行う事業内容と規模，その事業に影響を与えるマクロ経済情勢，国内・外の政治・社会情勢に関して，十分な理解が不可欠である。たとえば，金属，石油，農産物を原材料として製品を製造している自動車メーカー，電力会社，食品会社にとって，これらの原材料価格が上昇すれば，利益が縮小し，採算価格を超えれば損失を被る。反対に価格が低下すれば，利益を得ることになる。いっぽうで，同じ金属，石油，農産物を製造している鉄鋼会社，石油会社，農業・食品会社は，これらの商品の価格が上昇すれば利益を，それが低下すれば損失を被る。また，現在は，ほとんどの企業・組織が直接的または間接的に国際取引を行っており，このため為替レートの変動もキャッシュフローに影響を及ぼす。さらに，金利水準の変動は，資金調達費用を左右するものである。企業・組織が，銀行からの融資により，また債券の発行により外部資金を調達している場合には，それ

第 10 章　リスクエクスポージャの認識

が変動金利に基づくものであれば，金利の上昇は債権者への支払金額の増加につながることは言うまでもない。さらに金利の変動は，証券価値にも影響するため，企業・組織の資金調達費用のみならず，広く財務状況全体への影響も大きい。たとえば金利が上昇する局面において，他の条件が不変であれば，証券価値は上昇するいっぽうで，株式価値は低下する傾向があり，反対に金利が低下する局面では，前者は価値の低下を，後者は価値の上昇を示す場合が多い。

図表10−5　価格リスクエクスポージャ認識のためのチェックリスト

商品価格リスク	・どのような原材料の供給を受けているのか。その価格の変動に影響を及ぼすマクロ経済情勢などの外的要因は何か。また，その価格は，どのタイミングでどの程度変動すると見込まれるのか。 ・どのような製品を製造・販売しているのか。その価格の変動に影響を及ぼすマクロ経済情勢などの外的要因は何か。また，その価格は，どのタイミングでどの程度変動すると見込まれるのか。
為替リスク	・輸入に依存する原材料にはどのようなものがあり，輸入元はどこか。現地通貨との為替レートの変動に影響を及ぼすマクロ経済情勢などの外的要因は何か。また，それは，どのタイミングでどの程度変動すると見込まれるのか。 ・輸出する製品・商品にはどのようなものがあり，輸出先はどこか。現地通貨との為替レートの変動に影響を及ぼすマクロ経済情勢などの外的要因は何か。また，それは，どのタイミングでどの程度変動すると見込まれるのか。 ・海外の生産拠点はどこにあり，そこからのキャッシュフローの規模はどの程度か。現地通貨との為替レートの変動に影響を及ぼすマクロ経済情勢などの外的要因は何か。また，それは，どのタイミングでどの程度変動すると見込まれるのか。 ・海外の販売拠点はどこにあり，そこからのキャッシュフローの規模はどの程度か。現地通貨との為替レートの変動に影響を及ぼすマクロ経済情勢などの外的要因は何か。また，それは，どのタイミングでどの程度変動すると見込まれるのか。
金利リスク	・資金調達のために発行した株式・債券の価値とそれらの構成比はいくらか。金利の変動により証券発行による資金調達費用が，どのタイミングでどの程度の影響を受けると見込まれるのか。 ・銀行借入れの金額はいくらか。金利の変動により資金調達費用が，どのタイミングでどの程度の影響を受けると見込まれるのか。 ・保有する投資資産の種類は何か。またそれらの価値および構成比はいくらか。金利の変動により資産価値が，どのタイミングでどの程度の影響を受けると見込まれるのか。

第Ⅲ部　リスクファイナンスのプロセス

このため株式・債券により資金調達を行っていたり，逆に他の企業・組織の証券を投資資産として保有している場合には，金利の変動からどのような影響を受けるおそれがあるのかを把握しておく必要がある。

　図表10－5は，価格リスクエクスポージャ認識のためのチェックリストの例であるが，ここに挙げられている事項は，価格リスクエクスポージャからその企業・組織自身が影響を受けるものに限っている。しかし，マクロ経済情勢や国際政治・社会情勢の変化は，その企業・組織だけではなく，原材料供給者や顧客，競争者など多くのステークホルダーにも同時に影響を及ぼすことを忘れてはならない。たとえば，重要な原材料供給者や大口の顧客が経済情勢の変化により財務状況が悪化した場合には，取引規模を縮小したり，その継続が困難となることも考えられる。このように，企業・組織は価格リスクエクスポージャにより，ステークホルダーがどのような影響を受けることになるのかについても，留意する必要がある。

4．信用リスクエクスポージャの認識

　信用リスクエクスポージャは，取引相手方の約定の金額の支払いが遅延したり，不能となるリスクである信用リスクにさらされている状態をいう。取引相手方の**支払遅延**，**支払不能**は，銀行などの金融機関にとってはとくに重大であるが，それ以外の事業を行う企業・組織にとっても軽視できないものである。たとえば，投資資産として社債や国公債を保有していれば，それらの証券の発行主体が財務困難に陥り，約定金利の受取りの遅延や不能，さらには，元本割れになるという信用リスクエクスポージャを持つことになる。証券の発行主体の信用リスクを，企業・組織が独自に評価することが困難であることは，第1章において分析したとおりである。このため，証券の格付け情報などを利用して，債券保有の意思決定を行っていく必要がある。

　また，企業・組織は，顧客や供給者との取引における信用リスクエクスポージャについても，認識しておく必要がある。たとえば，第1章で挙げた例に

第 10 章 リスクエクスポージャの認識

あったように，代金後払いで商品やサービスを先に顧客に納入していた場合に，その顧客が財務困難に陥れば，売掛金(うりかけきん)の回収が遅延したり不能となる。その結果企業・組織は，その後の投資計画の見直しを迫られることになるかもしれない。また，供給者に代金前払いで原材料などを購入していた場合に，その供給者が財務困難となり納品がなされず，前払金の回収も不能となるかもしれない。このため，取引が特定の大口顧客や原材料供給者に集中しているような場合は，予め取引先を分散しておくことも必要であろう。

さらに別の信用リスクエクスポージャとして，預金取引を行っている銀行や，リスク移転契約を行っている保険会社の支払遅延，支払不能の可能性についても，認識すべきである。もちろん第5章において保険会社について見たとおり厳格な公的規制により，これらの金融機関の**財務健全性**は確保されるとともに，セーフティーネットとしての預金保険制度や保険契約者保護制度も一部整備されている。しかし，万一金融機関が経営破綻(はたん)した場合，セーフティーネットにより預金や保険金の全額が支払われるとは限らない。このため企業・組織は，銀行や保険会社との取引内容をつぶさに把握するとともに，これらの金融機関の財務健全性に関する情報を可能な限り入手しておくべきである。

図表10−6　信用リスクエクスポージャ認識のためのチェックリスト

債券発行主体の信用リスク	・どのような債券を保有し，その発行主体の財務健全性はどの程度か。また，債券の適切な分散ができているか。
売買取引相手方の信用リスク	・どのような顧客にどのような製品・サービスをどのくらい供給しているか。顧客の財務健全性はどの程度か。また，取引先の適切な分散ができているか。 ・どのような供給者からどのような原材料を購入しているか。原材料供給者の財務健全性はどの程度か。また，取引先の適切な分散ができているか。
金融機関の信用リスク	・どのような預金をどの銀行に保有しているのか。これらの銀行の財務健全性は維持されているか。 ・どのようなリスクエクスポージャをどの保険会社に移転しているのか。これらの保険会社の財務健全性は維持されているか。

第Ⅲ部　リスクファイナンスのプロセス

　図表10－6は，信用リスクエクスポージャのチェックリストであるが，企業・組織は，あらゆる取引相手の信用リスクにさらされていることを認識し，保有債券発行元，顧客，原材料供給者，銀行，保険会社などの財務健全性に関する情報を注視していくことが求められる。

5．まとめ

　本章では，企業・組織リスクファイナンスが，リスクエクスポージャの認識，リターンとリスクの測定，リスクファイナンスの選択，そしてその実行の順で行われることを見たうえで，そのプロセスをとおして成果の評価を継続的に行うべきであることを確認した。また，その最初のプロセスであるリスクエクスポージャの認識について詳細に見てきた。リスクエクスポージャの認識に際しては，純粋リスクエクスポージャ，価格リスクエクスポージャ，そして信用リスクエクスポージャを特定していくことが有効であった。純粋リスクエクスポージャについてはさらに，人身損失，財物損失および賠償責任損失の別に認識することとともに，直接損失よりも間接損失のほうが，しばしば高額となることに留意する必要があった。また，価格リスクエクスポージャについては，商品価格リスク，為替リスクおよび金利リスクの別に認識していくことが有効であるが，これらはリスクコントロールでは対処し得ない場合が多く，リスクファイナンスの役割が重要であった。信用リスクエクスポージャは，顧客，原材料供給者を含む取引関係にあるあらゆるステークホルダーとの間で顕在化するおそれがあるため，これらの当事者の財務健全性に留意した取引が求められた。

　このようなリスクエクスポージャの種類と影響の度合いの理解は，重大なエクスポージャの認識漏れを防ぎ，次のプロセスであるリスクの測定，そしてリスクファイナンスの選択と実行を適切に行っていくための前提となるものである。

第 10 章　リスクエクスポージャの認識

確認と議論

1. 財物損失エクスポージャがとくに重要な事業の例と，人身損失エクスポージャがとくに重要な事業の例には，それぞれどのようなものが挙げられるだろうか。

2. 患者に医療サービスを提供する医療機関は，どのような賠償責任損失エクスポージャを認識すべきだろうか。そのエクスポージャは，医療機関になぜ重大な影響を及ぼすのであろうか。

3. 金利が変動することで，株価が上昇したり，低下したりする傾向は，投資家のどのような行動に起因するのであろうか。

4. 顧客の信用リスクを縮小するために，顧客の財務健全性を精査すること以外に，事前にどのような対策がとれるだろうか。

第11章 リスクの測定

　適切なリスクファイナンスのために企業・組織は，リスク認識のプロセスに続きリスクエクスポージャからもたらされるリスクの重大さを正確に測定する必要がある。第１章において述べたとおりリスクは，将来キャッシュフローとしてのリターンの予期せぬ低下と，その変動性の予期せぬ拡大の２つの意味を持っていた。リターンは，事業活動からの損失または利益の期待値と言い換えることができ，リスクは損益の期待値の変動性として捉えることができる。前者を量的に示す指標としては加重平均値，最頻値および中央値などが，後者を計量化する指標としては分散，標準偏差などがしばしば用いられる。また，企業・組織のリスクファイナンス実務において，一連の事業や資産に起こり得る重大な損失や価値の低下を把握する指標として，予想最大損失とバリュー・アット・リスクが利用されている。さらに，第９章で見た内部リスク縮小のリスク分散を確実に行うためには，複数の財物や投資機会の相関関係を把握する必要があるが，このときに有用な指標が共分散および相関係数である。本章では，リスクの測定に関わるこれらの指標が何を意味するのか，そしてリスクファイナンスの意思決定に際してどのように活用できるのかについて見ていく。

KEY WORD

加重平均	確率変数	確率密度関数	正規分布	歪度
最頻値	中央値	分散	標準偏差	予想最大損失
バリュー・アット・リスク	信頼水準	共分散	相関係数

第Ⅲ部　リスクファイナンスのプロセス

1. リターンの測定

　リスクの一つ目の意味である将来キャッシュフロー，すなわちリターンの予期せぬ低下を把握するためには，まずリターンの水準を測定しなければならない。リターンは，リスクエクスポージャからの損益の期待値であり，純粋リスクについて見れば，事故の発生の結果としてもたらされる損失の期待値として，価格リスクの場合は商品価格，金利または為替レートの変動によりもたらされる損失または利益の期待値として，それぞれ捉えることができる。このようなリターンは，個々のリスクエクスポージャの確率分布の性質により，加重平均，最頻値または中央値などによって測定される。

(1) 加重平均

　リターンを最も簡便に把握できるため，リスクファイナンスにおいてしばしば利用される指標が**加重平均**である。たとえば，2つの事業AおよびBを行う企業・組織のケースを考えてみよう。これらの事業を行った結果として得られる損益の額と，その結果が起きる確率が，**図表11－1**のとおりであるとしよう。このように起こり得る結果とその確率を結びつけたものは，**確率変数**と呼ばれる。加重平均は，結果として起こる個々の値に，それらが起きる確率で重み付けを行い，さらに総和したものであり，事業AおよびBの損益の加重平均 $E(R_A)$，$E(R_B)$ は，以下のとおり求められる。

図表11－1　事業からの損益の確率分布の例

確　率	事業A	事業B
0.10	－500,000円	－10,000円
0.20	－50,000円	－5,000円
0.40	50,000円	10,000円
0.20	150,000円	40,000円
0.10	400,000円	100,000円

第 11 章　リスクの測定

$$E(R_A) = 0.10 \times (-500{,}000) + 0.20 \times (-50{,}000) + 0.40 \times 50{,}000$$
$$+ 0.20 \times 150{,}000 + 0.10 \times 400{,}000 = 30{,}000 円$$
$$E(R_B) = 0.10 \times (-10{,}000) + 0.20 \times (-5{,}000) + 0.40 \times 10{,}000$$
$$+ 0.20 \times 40{,}000 + 0.10 \times 100{,}000 = 20{,}000 円$$

リターンにのみ注目すれば，期待損益が20,000円である事業Bより，それが30,000円である事業Aのほうが有利であると判断できる。加重平均の計算過程を一般化するために，結果として起こりうる値をx_1, x_2, x_3, ……, x_n，それぞれの結果が起きる確率をp_1, p_2, p_3, ……, p_nとすれば，損益の期待値μは，以下のとおり求められる。

$$\mu = \sum_{i=1}^{n} p_i x_i$$

このような事業をはじめとするリスクエクスポージャの確率分布を視覚的に把握するために，**図表11－2**のようなヒストグラムがしばしば用いられる。これは，結果がどの値にどの程度分布しているのかを示す**確率密度関数**を，結果の値を横軸に，その頻度すなわち確率密度を縦軸にとり，平面上に展開した

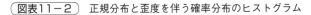

図表11－2　正規分布と歪度を伴う確率分布のヒストグラム

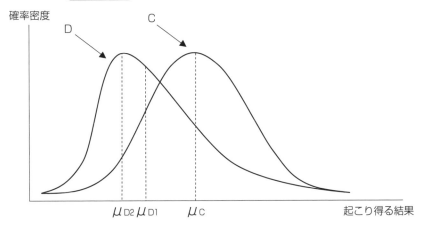

第Ⅲ部　リスクファイナンスのプロセス

ものである。ヒストグラムと横軸に挟まれたベル型の領域の面積は，あらゆる結果が起きる確率の総和，すなわち1.00（100パーセント）であると捉えることができる。同図の確率分布Cのように左右対称に起こりうる結果が分布しているものは**正規分布**と呼ばれ，このような場合の加重平均は，μ_Cのように分布の中央の値となる。

　正規分布に従わず，分布が右方または左方に歪曲している確率分布も存在する。このような分布の歪みを測る指標が**歪度**であり，正規分布の場合にその値は0となる。起こりうる結果が左方に多く分布しているものは正の，右方に多く分布しているものは負の歪度を伴っている。財物損失を含む純粋リスクのエクスポージャ，すなわち損失エクスポージャは，図表11－2の確率分布Dのように，少額の損失が起こる確率密度がより高い，正の歪度を伴うものが多くみられる。この場合に加重平均は，ヒストグラムの面積を左右に二等分するμ_{D1}であると推測できる。

(2)　最頻値と中央値

　確率分布Dのような歪度を伴う確率分布の場合に，損益の期待値を加重平均のみで測定することは必ずしも適切ではなく，最も頻繁に起きるおそれのある損益の値を把握することも必要である。この際に有用な指標が，同図においてμ_{D2}で示される**最頻値**（Mode）である。最頻値を把握することにより，最も頻繁に起こり得る事象に，より効率よく備えることができる。

　加重平均，最頻値とならんで中間値とも呼ばれる**中央値**（Median）も，しばしば用いられる損益の期待値を示す指標である。これは，発生し得る損益を少額から高額に順に並べ，その中央となる値を指す。図表11－2の確率分布CおよびDにおいて，確率密度にかかわらず発生し得る損益の最小値，最大値が同一であり，それらの間で起こり得る結果の値が等間隔で分布していれば，両者の中央値はともにμ_Cとなる。

　企業・組織がリスクファイナンスを行うに際しては，以上で見てきたリターンの水準を示す指標がどの程度低下し得るのかを把握することにより，リター

ンの低下としてのリスクを測定する必要がある。

2．リターンの変動性の測定

　リスクの二つ目の意味は，リターンの変動性の拡大であった。リターンの変動性は，どのような指標で計量化できるだろうか。図表11－1の事業Aの損益の確率分布の例において，損益の期待値は，30,000円であった。しかし，実際に発生する損益の値には，500,000円の損失から400,000円の利益までの幅があり，損益の期待値だけに基づいてリスクファイナンスを行ったのでは，必ずしも適切にリスクに対処できないかもしれない。そこで，リスク測定のプロセスにおいては，期待値を中心とした結果のばらつき，すなわち期待値の変動性も測定することが必要となる。

(1) ヒストグラムから見た期待値の変動性

　期待値の変動性を観察するために，再び確率密度関数のヒストグラムの例を見てみよう。**図表11－3**に示した確率分布E，FおよびGは，ともに期待値を中心に起こりうる結果が対称に分布している正規分布である。確率分布EとFを比較すれば，前者は後者より左方に位置しているため，Eのリターンの期待値はFのそれより低いことがわかる。次にEとGの確率分布を比べると，ともに分布の中心となる期待値は等しく，両者のリターンの水準は変わらない。確率分布E，FおよびGの加重平均を順に μ_E，μ_F，および μ_G とすれば，これらの大小関係は，$\mu_E = \mu_G < \mu_F$ となるはずである。

　しかし確率分布全体を観察すると，EよりGのほうが期待値の周辺の密度が高いことがわかる。このことから，EはGより期待値の変動性が大きい，すなわちリスクが大きいと推測される。期待値の変動性を量的に把握するためにしばしば用いられる指標が，**分散**と**標準偏差**である。これらの指標が相対的に小さい値をとっていれば，起こりうる結果は期待値に近い範囲に多く分布し，リスクは小さいと判断できる。反対に分散や標準偏差が相対的に大きい値となっ

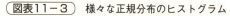

図表11-3 様々な正規分布のヒストグラム

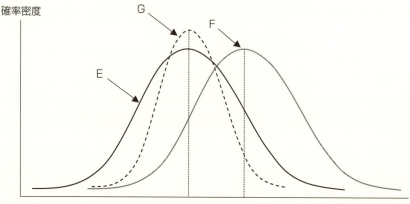

た場合は，期待値から大きく離れた結果が起こりやすいことを意味する。確率分布EとFのヒストグラムが同じ形状であると仮定し，Gを含んだ三者の分散をV_E，V_FおよびV_G，標準偏差をσ_E，σ_Fおよびσとそれぞれ示せば，これらの大小関係は，$V_E = V_F > V_G$，$\sigma_E = \sigma_F > \sigma_G$となると推測できる。

(2) 分散

リスクエクスポージャの多様化を意味するリスク分散とは異なり，リスク指標としての分散は，期待値の変動性を計測するものであり，次のように把握することができる。損益の期待値をμ，結果として実際に生じる損益の値をx_1，x_2，x_3，……，x_n，それぞれの結果が起きる確率をp_1，p_2，p_3，……，p_nとすれば，リスクエクスポージャの分散Vは，以下の計算式により求められる。

$$V = \sum_{i=1}^{n} p_i (x_i - \mu)^2$$

右辺の構成要素（$x_i - \mu$）では，結果として生じる損益の値から，その期待値を差し引いた値を計算している。これは偏差と呼ばれるものであり，実際の損益が期待値からどれくらい乖離しているかを示すものである。結果としての

第 11 章 リスクの測定

損益は，その期待値を中心として上回ることも下回ることもあるため，偏差は正と負の両方の符号をとることになる。このため，期待値の乖離度合いを全体的に把握するためにこれらを単に累計すれば，互いに相殺してその値はゼロなるであろう。このような不都合を回避するため，偏差を二乗することですべて正の値とし，それぞれの結果が起こる確率で加重したうえで累計したものが分散である。

再び図表11－1の事業AおよびBからの損益の確率分布について，分散を計算してみたい。事業AおよびBの期待損益は，順に30,000円，20,000円であったから，これを上記の算式に代入すれば，以下のとおりとなる。

$$V_A = 0.10 \times (-500,000 - 30,000)^2 + 0.20 \times (-50,000 - 30,000)^2$$
$$+ 0.40 \times (50,000 - 30,000)^2 + 0.20 \times (150,000 - 30,000)^2$$
$$+ 0.10 \times (400,000 - 30,000)^2 = 46,100,000,000$$
$$V_B = 0.10 \times (-10,000 - 20,000)^2 + 0.20 \times (-5,000 - 20,000)^2$$
$$+ 0.40 \times (10,000 - 20,000)^2 + 0.20 \times (40,000 - 20,000)^2$$
$$+ 0.10 \times (100,000 - 20,000)^2 = 975,000,000$$

(3) 標準偏差

事業AおよびBからの損益の分散を計算した結果，それぞれ461億円，9億7,500万という値が得られた。しかし，実際に発生する損益が数十万の規模であることを考えれば，これらの値は過大であるため利便性に欠ける。逆に，偏差の値が0±1の範囲となるような別のケースでは，分散は実際に発生する値に比べゼロに近い値となり，やはり判断指標としては使いにくい。分散計算において偏差を二乗したことによるこうした影響を解消した指標が，分散の平方根をとった標準偏差であり，以下の算式により求められる。

$$\sigma = \sqrt{\sum_{i=1}^{n} p_i (x_i - \mu)^2}$$

これに基づき，事業AおよびBからの損益の標準偏差を求めると，前者は

第Ⅲ部　リスクファイナンスのプロセス

214,709円,後者は31,225円となり,ともに分散より扱いやすい値となった。この例では,事業AおよびBを比較すると,分散と標準偏差ともに前者のほうが大きな値となっている。前に求めた損益の期待値と併せて比較すれば,事業Aはより高リスク,高リターンであり,事業Bはより低リスク,低リターンであると評価できる。

　標準偏差は,起こりうる結果がどの程度の確率でどの範囲に収まり得るのかを把握することにも利用可能である。確率分布が正規分布であれば,**図表11－4**に示したとおり,期待値μから$\pm\sigma$の区間に約68パーセント,$\mu\pm2\sigma$の区間に約95パーセント,そして$\mu\pm3\sigma$の区間に99パーセント以上の結果がそれぞれ含まれることが知られている。したがって,期待値から$\mu\pm\sigma$の範囲の結果に対して対処可能なリスクファイナンスを行っていれば,結果の約68パーセントに有効に対処できると判断することができる。事業Aの場合は30,000円±214,709円,すなわち184,709円の損失から244,709円の利益の間の,事業Bの場合は20,000円±31,225円,すなわち11,225円の損失から51,225円の利益の間のキャッシュフローの変動性に備えておけば,7割近くの事態に対処できることを意味する。より慎重なリスクマネジメントを行う場合には,それを超えた範囲,たとえば期待値から$\pm2\sigma$の範囲の結果を想定したリスクファイナンスを検討することになる。

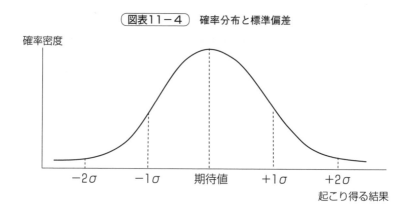

図表11－4　確率分布と標準偏差

第 11 章　リスクの測定

　標準偏差に関する以上の視点は，確率分布が正規分布に従うことを前提としたものであるが，前に述べたようにすべてのリスクエクスポージャが正規分布に従うわけではなく，正または負の歪度を伴うエクスポージャもリスクファイナンスの対象となり得る。このようなケースにおいても有効な指標として，次項では予想最大損失とバリュー・アット・リスクについて見ていく。

(4)　予想最大損失とバリュー・アット・リスク

　これまで見てきたリスク測定のための諸指標に加え，企業・組織のリスクファイナンスにおいてしばしば用いられる指標が，**予想最大損失**（PML：Probable Maximum Loss）と**バリュー・アット・リスク**（VaR：Value-at-Risk）である。これらはともに，ある**信頼水準**において，ある一定の期間に起こり得る損失の最大値を示すものである。両者とも，対象期間および信頼水準の2つのパラメータにより定義された潜在的損失の額によって表わされる。予想最大損失が，個々の損失エクスポージャに発生し得る損失の分布に焦点を当てているのに対して，バリュー・アット・リスクは，保有している事業・資産ポートフォリオに起こりうる価値の低下に注目したものである。そのため，後者は，損失エクスポージャに関してだけではなく，複数の投資機会の選択肢のリスク評価やキャピタル・アロケーションなどにも利用される。

　予想最大損失について，簡単な例を挙げてみよう。ある企業・組織の財産損失エクスポージャについて，1年間の予想最大損失が，95パーセントの信頼水準において15億円であると定義された場合，1年間に損失が15億円を超える確率が5パーセントであることを意味している。同様に予想最大損失が，1パーセントの信頼水準において20億円であった場合には，損失が20億円を超える確率が1パーセントであることを示している。このような予想最大損失は，**図表11－5**のように確率密度関数において，一定の損失の水準で区切られた分布の右方の面積として捉えることができる。すなわち，確率密度全体の面積は1.00（100パーセント）であるから，損失が15億円以上の面積が0.05（5パーセント），20億円以上の面積が0.01（1パーセント）となる。

173

第Ⅲ部　リスクファイナンスのプロセス

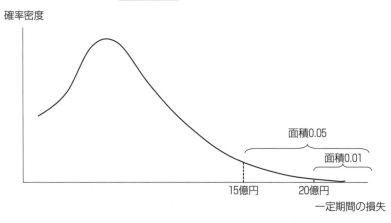

図表11-5　予想最大損失の例

いっぽうバリュー・アット・リスクは，企業・組織が保有する一連の事業や投資資産によって構成されるポートフォリオの価値変化を示すものである。たとえば，1四半期のバリュー・アット・リスクが，5パーセントの信頼水準において2億円であるならば，保有するポートフォリオの価値が3か月間に2億円を超えて低下する確率が5パーセントであることを意味する。バリュー・アット・リスクも，予想最大損失と同様に確率密度関数の面積として捉えることができるが，これはポートフォリオの価値の低下を示すものであるため，予

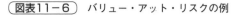

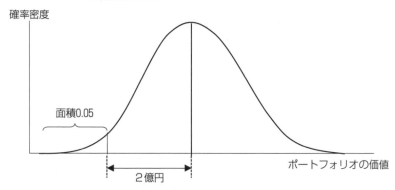

図表11-6　バリュー・アット・リスクの例

想最大損失の場合とは対称に，**図表11-6**のように一定の価値水準で区切られた左方の面積として表される。予想最大損失およびバリュー・アット・リスクを推定するためには，モンテカルロ・シミュレーションをはじめとする様々なツールが用いられている。このためこれらの指標の利用に際しては，シミュレーションの前提となる確率分布の仮定や基礎となるヒストリカル・データが適切なものかに留意する必要がある。

3．相関とポートフォリオ管理

　これまでリスク測定のための指標として，加重平均や標準偏差など取り上げたが，これらは単一のリスクエクスポージャに注目したものである。しかし，前章で見たとおり，現実に企業・組織は多様な複数のリスクにさらされている。個々のリスクエクスポージャの損益がランダムに発生するのであれば，一度に多額の損失を被る可能性は高くない。いっぽう多くのエクスポージャに同時に損失が発生した場合，その総額が巨額となれば，企業・組織は財務困難に陥ることにもなりかねない。したがって，企業・組織は，複数のリスクエクスポージャの相互の関係を認識しなければならず，その際に利用される指標が，共分散と相関係数である。

(1) 共分散

　リスクエクスポージャの間の関係は，過去の損失・利益に関するデータを用いて**共分散**を求めることにより量的に把握可能である。たとえば，2つのリスクエクスポージャ H および I に関して，考えてみよう。二者の損益の期待値を順に μ_H，μ_I，実際に起こった損益の値を同様に H_1, H_2, H_3, ……, H_n および I_1, I_2, I_3, ……, I_n，それぞれの損益が発生する確率を p_1, p_2, p_3, ……, p_n とすれば，2つのエクスポージャの共分散 $Cov(H, I)$ は，以下の計算式により求められる。

第Ⅲ部　リスクファイナンスのプロセス

$$\mathrm{Cov}\,(H, I) = \sum_{i=1}^{n} p_i (H_i - \mu_H)(I_i - \mu_I)$$

　右辺の（$H_i - \mu_H$）と（$I_i - \mu_I$）は，それぞれのエクスポージャの実際の損益の値から期待値を差し引いた値，すなわち両者の乖離の程度を計測している。このことは，分散計算の際の偏差の考え方と同じである。そして，（$H_i - \mu_H$）の符号と（$I_i - \mu_I$）の符号が同じであれば，両者の積である（$H_i - \mu_H$）（$I_i - \mu_I$）の値は正となり，両者の符号が異なればそれの値は負となる。この積の値を，各結果が起きる確率で加重し，さらに総和した値は，HおよびIが同時に同じ方向に動く傾向があれば大きく，両者が同時に異なる方向に動く傾向があれば小さくなる。すなわち共分散の値が大きければ類似の動きを示し，小さければ異なる動きを示すと判断できる。

(2)　相関係数

　共分散の値は，確率変数の値（H_i, I_i）とその期待値（μ_H, μ_I）に依存して様々な水準となるため，複数の変数の組み合わせの相関を相対比較する場合には不便な場合がある。この問題を解消するために，共分散を標準化した値に変換したものが**相関係数**である。具体的には，共分散を，対象となる2つの確率変数の標準偏差の積で除した値であり，上記と同じリスクエクスポージャHおよびIの標準偏差を順にσ_H, σ_Iとすれば，両者の相関係数ρ_{HI}は，以下の算式で求められる。

$\rho_{HI} = \mathrm{Cov}\,(H, I) \diagup \sigma_H \sigma_I$

　相関係数の値は，どのような値をとる確率変数の組み合わせであっても－1から＋1の間の値となるため，複数の組み合わせの関係性を相対比較する際に便利である。相関係数が0であれば2つの確率変数は完全に独立しており無相関，すなわち互いにランダムに変動することを意味する。これが0〜1の値であれば正の相関があり，同時に同じ方向に動き，反対に－1〜0の値であれば負の相関があり，互いに反対の方向に動く傾向があることを意味する。相関係

第 11 章 リスクの測定

図表11－7 リスクエクスポージャの組み合わせの例

エクスポージャ	損益（百万円）					期待値	標準偏差
	結果1	結果2	結果3	結果4	結果5		
H	10	20	－20	0	40	10	20
I	40	0	20	10	－20	10	20
確率	0.2	0.2	0.2	0.2	0.2		

数が1であれば完全な正の相関，－1であれば完全な負の相関がある。たとえば，ある企業が保有する自動車が事故を起こすリスクと，その企業が製造する製品について生産物責任を負うリスクは，互いに無相関であり，相関係数はゼロに近い値となると推測される。いっぽう，為替レートの変動と，ある企業の製品への需要の変動は，いずれもマクロ経済状況の影響を受けやすく，正または負の相関がある可能性が高いと推測される。

このような性質を持つ相関係数をどのように読み取るのか，リスクエクスポージャHおよびIが**図表11－7**に示した母集団としての損益の実績があったとして，考えてみたい。これら2つのエクスポージャの共分散Cov（H, I）および相関係数ρ_{HI}は，以下のとおり計算される。

$$\mathrm{Cov}(H, I) = 0.2 \times (10-10) \times (40-10) + 0.2 \times (20-10) \times (0-10)$$
$$+ 0.2 \times (-20-10) \times (20-10) + 0.2 \times (0-10) \times (10-10)$$
$$+ 0.2 \times (40-10) \times (-20-10)$$
$$= -260$$

$$\rho_{HI} = -260 / (20 \times 20)$$
$$= -0.65$$

リスクエクスポージャHおよびIの相関係数は－0.65であり，負の相関があることがわかった。このように相関の低いエクスポージャ同士を組み合わせて

第Ⅲ部　リスクファイナンスのプロセス

ポートフォリオを構成すれば，全体としての損益の変動性を縮小することができる。このような相関係数は，第9章で述べたように内部リスク縮小のリスク分散を行う際にも不可欠な指標である。たとえば，地理的に遠く離れた場所に複数の工場を持つ企業であれば，大規模自然災害による損失発生の相関は低く，企業全体としての生産が継続困難なほど重大な影響を受けることを防げる可能性が高い。この際にも過去の損失発生の実績から相関係数を求めることが有効である。同様に，事業の多角化や，複数の資産を組み合わせた分散投資を行い，キャッシュフローの変動性を縮小しようとする際にも，個々の事業または資産間の損益の相関係数を把握することで適切な事業・資産ポートフォリオを構成することが可能となる。

4．まとめ

　本章では，リスクの測定のために用いられる指標として，加重平均，最頻値，中央値，分散，そして標準偏差を見たうえで，企業・組織のリスクファイナンス実務において利用される予想最大損失とバリュー・アット・リスクを，さらに内部リスク縮小のための指標として共分散と相関係数を取り上げた。このなかで見てきたいくつかの簡単な数値例においては，比較的容易にこれらの指標を計算することができたが，実際の企業・組織リスクファイナンスにおいては，前章でみたようにあらゆるリスクエクスポージャに関して，リスクを測定することになる。ただ，企業・組織の経営者，管理者はもちろん，リスクファイナンス実務者も確率・統計の諸理論をつぶさに理解したうえで，リスク測定のプロセスを時間と労力をかけて行う必要はない。現在は，科学的な方法で収集・編纂された情報があれば，本章で取り上げた諸指標を簡便に得られる統計ソフトウェアが多く入手可能である。たとえ十分な情報がない場合であっても，適切な仮定のもとでシミュレーションを行うことも可能である。企業・組織経営においては，あくまでこれらの指標が何を意味し，リスクファイナンスの意思決定にどのように活用できるのかを理解することが，より重要である。

第 11 章　リスクの測定

確認と議論

1. 80パーセントの確率で10,000円を得ることができるが，20パーセントの確率で40,000円を失う投資機会の期待損益はいくらになるだろうか。また，経済合理的な個人はこの投資機会を選択するだろうか。

2. 自動車事故による損失の確率分布は，正規分布に従うだろうか。あるいは正または負の歪度を伴うだろうか。

3. 予想最大損失が2パーセントの信頼水準において1億円である場合と，5パーセントの信頼水準で1億円である場合は，どちらが重大だろうか。

4. 投資資産A，B，Cから2つを選択してポートフォリオを構成するとき，リスク縮小のために最も有利な組み合わせは何になるだろうか。ただし，$\rho_{AB}=-0.7$，$\rho_{AC}=0.1$，$\rho_{BC}=0.4$とする。

第12章 リスクファイナンスの選択と実行

　リスクの認識・測定に続くプロセスでは，企業・組織は個々のリスクエクスポージャに対して適切なリスクファイナンスを選択し，実行していかなければならない。また同時に，このような活動の目的が，企業・組織自身の価値の向上であることに鑑みれば，それによって得られる便益と，そのために負担する費用を考慮し，適切な水準でのリスクファイナンスを行うよう意思決定することが求められる。本章では，企業・組織がリスクファイナンスによってどのような便益を得て，どのような費用を負担することになるのかを明らかにすることをとおして，リスクファイナンスの第3および第4のプロセスであるリスクファイナンスの選択と実行について分析する。

頻度(ひんど)　強度(きょうど)　リスクマップ　付加保険料(ふかほけんりょう)
オプションプレミアム　リスクプレミアム　モラルハザード
限界便益(げんかいべんえき)　限界費用(げんかいひよう)　全部リスク移転(ぜんぶりすくいてん)　一部リスク移転(いちぶりすくいてん)
コインシュアランス　証券の過小評価(しょうけんのかしょうひょうか)　損失レイヤー(そんしつれいやー)

第Ⅲ部　リスクファイナンスのプロセス

1. リスクマップに基づくリスクファイナンスの選択

　企業・組織がリスクを測定する際に，個々のリスクエクスポージャからのリターンとしての損益の期待値を測定する必要があることは，前章において述べたとおりである。純粋リスクエクスポージャにのみ限定して見れば，リターンは負の値をとり，損失の期待値として捉えることができる。損失の期待値は，損失が発生する確率と実際に発生する損失の値との積で求められることは，前章の加重平均の計算において確認したが，純粋リスクに関しては，損失の発生確率を**頻度**，損失の値を**強度**とそれぞれ呼ぶことが多い。**リスクマップ**は，純粋リスクポージャをこうした頻度と強度を2軸に展開した平面上にプロットしたダイヤグラムであり，個々の純粋リスクエクスポージャの性質の把握に有効である。**図表12－1**は，リスクマップ上のどこに位置するリスクエクスポージャに，どのようなリスクファイナンスおよびリスクコントロールで対処可能なのかを示した一例である。各方法は互いに排他的ではなく，複数の方法を組み合わせることも可能である。また，第3章から第5章で取り上げた保険のよ

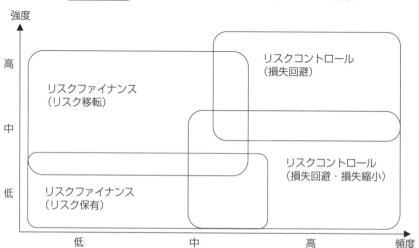

図表12－1　リスクマップによるリスクファイナンスの選択

第 12 章　リスクファイナンスの選択と実行

うに，リスクファイナンスのリスク移転に分類されながらも，リスク保有およびリスクコントロールなど複数の機能を持つものもある。このため，実際のリスクファイナンスの実行に対しては，他の様々な要素を考慮する必要があるが，リスクマップは簡便にリスクエクスポージャの性質と，それぞれに対処可能な主要な方法を把握できるものとして，しばしば利用されている。

(1) **低頻度・低強度のリスクエクスポージャ**

　リスクマップの左下方に位置するリスクエクスポージャは，損失の頻度および強度ともに低いものである。たとえば，比較的少額の什器・備品の盗難は，頻繁に起こるものではないが，買替えのための費用も高額とはならない。また，比較的少額でかつ重大な事故を起こしにくい文具などの製品に生じる軽微な不具合も，収支への影響は小さいであろう。このようなリスクエクスポージャに事故が起こり，損失が生じた場合であっても企業・組織はキャッシュフローや積立金からそれを補填することが可能である場合が多い。すなわち，リスクファイナンスのリスク保有で対処可能であり，費用をかけてリスク移転やリスクコントロールを行う必要はないと判断できる。

(2) **低頻度・高強度のリスクエクスポージャ**

　工場，倉庫，事務所，店舗，そしてそれらに収容されている什器・備品や商品が，火災や，洪水，台風，地震などの自然災害により損傷を受けるようなケースは，頻繁に起きるものではないが，いったん起これば損失は高額となるおそれがある。同様に重大な事故につながるおそれのある自動車などの製品に不具合があった場合には，その製造者である自動車メーカーは高額の賠償金支払いを求められることもある。このようなリスクエクスポージャは，頻度は必ずしも高くないが，強度は高いため，リスクマップの左上方に位置する。これらに対してリスク保有を行っていれば，発生した損失をキャッシュフローや積立金で補填しきれず，新たに外部から資金調達を行う必要も生じ，次章で述べるような様々な追加的費用を負担することになる。このため，企業・組織がリ

第Ⅲ部　リスクファイナンスのプロセス

スク分散した比較的小規模のリスクエクスポージャを保有し，キャプティブやファイナイトリスクなどの利用できる場合を除き，低頻度・高強度のリスクエクスポージャに対しては，火災保険やカタストロフィボンドなどのリスク移転の手当を行うことが求められる。

(3) 高頻度・高強度のリスクエクスポージャ

損失の頻度と強度のいずれか，または双方が極めて高い場合には，リスク移転のアレンジが困難な場合がある。たとえば極めて危険度の高い爆発物の輸送などの活動に対して，保険により対処しようとした場合，保険料が期待損失の高さを反映して極めて高額となり，保険の手当ができないかもしれない。このような高頻度・高強度のエクスポージャについては，リスクコントロールの損失回避に分類される危険な活動の停止や縮小を検討すべきであろう。

(4) 高頻度・低強度のリスクエクスポージャ

少額の備品の損傷・滅失や，重大な事故を起こすおそれのない製品の軽微な不具合が，あまりに頻繁に起きるような場合には，消極的なリスク保有を行ったのでは，時間経過とともに影響が集積するおそれがある。このような高頻度・低強度のリスクエクスポージャに対しては，備品の管理や整備を厳格化したり，製品生産管理を見直すなどの対策をとるべきであろう。これらは，リスクコントロールの損失回避・縮小の機能を兼ね備えており，損失発生の頻度および強度の双方を低下させるものである。しかも，軽微な事故による損失の頻度と強度の低下努力は，第9章においてリスクコントロールの便益と費用を分析したとおり，少ない費用で大きな便益を得られる可能性が高い。

2．期待損益とその変動性に基づくリスクファイナンスの選択

リスクマップに基づけば，損失の頻度，強度がともに比較的低い場合には，

第 12 章　リスクファイナンスの選択と実行

リスクファイナンスのリスク保有を，損失の頻度は高くなくとも強度が高い場合にはリスク移転を，それぞれ選択すべきであった。リスクマップは，純粋リスクエクスポージャへの対処の際には有効であるが，より広く価格リスクエクスポージャも含めてリスク保有とリスク移転の選択を検討する場合には，前章において見たリターンとしての期待損益，そしてリターンの変動性としての期待損益の変動性といった指標も，意思決定の根拠としてとして役立つものである。以下では，期待損益とその変動性に基づくリスク移転とリスク保有の選択について考えていく。

(1) 期待損益に基づくリスクファイナンスの選択

リスクエクスポージャにリスク保有で対処するためには，それからもたらされる期待損益の水準が，企業・組織の財務状況に重大な影響を及ぼさない程度でなければならない。とくに純粋リスクエクスポージャの場合は，損失の期待値が，キャッシュフローや積立金などで補填可能な金額である必要がある。たとえば，比較的少額の什器・備品や重大な事故を起こすおそれのない少額の商品などであれば，これらの破損・滅失・賠償責任の負担などのリスクに備えて個々に保険カバーをアレンジするより，無保険のままリスク保有を選択した方が，後に述べる期待損失を超えた金額の保険料負担を免れ，企業・組織価値の向上につながると考えられる。また，自動車事故のような損失が高額となり得るようなリスクエクスポージャであっても，重大な事故の発生頻度は必ずしも高くなく，事業規模が大きく所有する自動車数も十分に多い企業・組織の場合は，期待損失も高額とならないため，自家保険などによるリスク保有が選択できる場合もある。

価格リスクエクスポージャの場合も，同様に考えることができる。たとえば少額の商品の少量の輸出入や，少額の外貨建て証券への投資であれば，為替リスクにさらされることになっても，そこからの期待損益の金額は，大きな影響を及ぼさない。また，ごく少額の変動金利債券の保有も，金利リスクにはさらされるが，金利の変動によるキャッシュフローへの影響は大きくない。このよ

第Ⅲ部 リスクファイナンスのプロセス

うなケースにおいて，通貨オプションや金利スワップなどのヘッジの手当を行えば，後述するようにリスクプレミアムなどの追加的な費用を負担するため，リスク保有を選択した方が適切であろう。

(2) 期待損益の変動性に基づくリスクファイナンスの選択

　純粋リスクの場合，期待損失が低ければ，企業・組織は常にリスク保有を選択することができるだろうか。前述のリスクマップの左上方に位置するリスクエクスポージャを考えてみよう。ここには，洪水や地震といった自然災害や，高額の賠償金の負担などが位置することはすでに述べた。これらの災害・事故は，いったん発生すれば甚大な損失をもたらすものの，少額の財物の損傷や商品の軽微な不具合のように，日々起こるものではない。このため，前章でみたように期待損失を加重平均により求めれば，少額の値となる場合もある。このため，期待損失のみに注目して積立金を用意したり，自家保険をアレンジしたのでは，実際に損失が発生した際に，それを補填しきれない可能性が高い。そこで重要となるものが，リスクとしての期待損失の変動性である。これは，分散や標準偏差で計量化できることは前章で見たとおりであるが，これらの指標が大きな値となった場合には，たとえ期待損失が少額であっても，キャプティブなどが利用可能な大規模グループ企業・組織を除き，リスク保有は適切な選択肢とは言えない。

　価格リスクの場合も期待損益の変動性は，リスクファイナンスの選択に際して重要な指標である。たとえば第6章で分析したように，自動車などの高額の商品を大量に輸出入する場合，起こり得る損失・利益が相殺されるため期待損益は採算水準から大きく乖離することはないだろう。しかしながら，為替交換レートの変動により，実際の損失または利益は高額になるため，通貨オプションなどの手当が必要であろう。また，国内に活動の拠点を置く企業・組織が，自ら製造する製品を，海外の企業・組織に，現地で販売できるライセンスを付与し，現地通貨で手数料を受け取るような契約を結んだ場合にも，取引量が多い場合には，通貨スワップなどの利用を検討すべきである。

第 12 章　リスクファイナンスの選択と実行

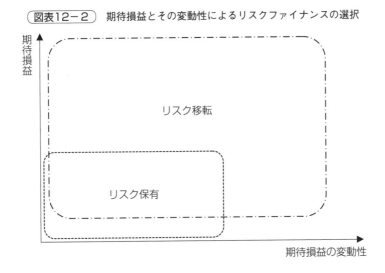

図表12－2　期待損益とその変動性によるリスクファイナンスの選択

　以上のように期待損益とその変動性に基づけば，**図表12－2**のように，リスク保有が可能なケースは，リスクエクスポージャからの期待損益が，企業・組織の財務状況に大きな影響を及ぼさない程度に十分に少額であり，かつ期待損益の変動性も十分に小さいという2つの条件が満たされた場合に限ることがわかる。いっぽうで，期待損益が十分に少額でない，またはその変動性が十分に小さくない場合は，いずれか一方が当てはまればリスク移転の手当を検討すべきであることがわかる。また，同図表でリスク移転とリスク保有の領域が重なっている部分は，両者を組み合わせて利用することができるケースであるが，これについては後に詳細に述べることとする。

3．リスクファイナンスの実行

　前節では，リスクマップ，期待損失とその変動性からリスクファイナンスの選択を試みたが，選択した方法を十分に手厚く実行すればするほど，その効果が見込まれるいっぽうで，そのためには少なからぬ労力，時間，費用を負担しなければならないことを忘れてはならない。そこで重要となるのが，リス

第Ⅲ部　リスクファイナンスのプロセス

ファイナンスの適切な水準での実行である。以下では，そのための判断材料としての，リスクファイナンスの便益と費用を分析する。

(1) リスク移転の便益

　リスク移転は，保険・ヘッジなどによるリスク移転をとおして企業・組織のキャッシュフローの変動性を縮小させるものであることは，第3章から第7章において見てきたとおりである。リスク移転を適切に行っていれば，企業・組織は損失を埋め合わせるために自らの資金を用意する必要がなくなり，より積極的に利益の見込まれる事業プロジェクトや資産に投資することができ，実際に損失が発生し，それがキャッシュフローや内部資金で埋め合わせることができないほど巨大であった場合であっても，保険契約からの保険金，ヘッジ契約からのペイオフをその補填に充て，早期に復旧し，事業を再開できる可能性が高い。また，後に述べるとおり損失補填のために外部資金を調達する場合に必要となる証券発行のための諸費用や，証券の過小評価といった費用負担を免れることもできる。

(2) リスク移転の費用
① リスクプレミアムの負担

　リスク移転は，このような便益をもたらすと同時に，企業・組織に様々な費用を課すものである。たとえば，リスク移転として保険を手当てした場合，保険契約者である企業・組織は，通常は期待損失を超えた額の保険料を支払わなければならない。第4章において分析したとおり，企業・組織が支払う保険料には，リスクエクスポージャの期待損失を反映し将来の保険金の原資となる純保険料に加えて，保険会社の諸経費などに充てられる**付加保険料**が含まれている。付加保険料は，保険会社による契約引受けと管理，リスクコントロール・サービスの提供，損失調査と保険金支払いのために必要なものであるが，かりに企業・組織がリスク保有を行っていれば，負担しなくてもよいものである。また，価格リスクに対処するために備えてヘッジのオプション契約を結ん

だ場合も，契約相手方となる投資家などに**オプションプレミアム**を支払わなければならない。このような付加保険料やオプションプレミアムは，リスクを保険会社または契約相手方に移転することに対する報酬，すなわち**リスクプレミアム**であると見ることができる。

さらに保険の場合には，少額の什器・備品のように期待損失が低い純粋リスクエクスポージャのそれぞれに個別に保険契約を結ぶことは，契約締結の費用を反映して，リスクプレミアムにかかわらず付加保険料が過大となるおそれがある。この場合は，複数のリスクエクスポージャを一括して一つの保険契約でリスク移転するパッケージ化を行うべきであろう。同様に，控除免責金額を設けることで発生頻度の高い少額の損失を自己負担するような保険契約を設計することも，付加保険料の低廉化に有効である。

② モラルハザード

リスクプレミアムの負担と並んで，リスク移転の費用として重要なものが，企業・組織自身の**モラルハザード**である。ここでいうモラルハザードは，リスク移転によって企業・組織の行動が期待損失を上昇させる方向に変化することをいい，必ずしも倫理的な問題のみを意味するものではない。たとえば，火災や盗難を原因として建物とその収容物に生じる損失をカバーする財物保険に入っていれば，保険契約者である企業・組織は，実際に火災が発生したり，盗難に遭ったとしても被った損失を保険会社から支払われる保険金で埋め合わせることができる。その結果，企業・組織は十分な防火措置や，盗難防止措置を，費用をかけて行うインセンティブを低下させるかもしれない。

このようなモラルハザードは，第9章において行ったリスクコントロールの便益・費用分析と同様に，**図表12－3**のようなリスク移転の**限界便益**と**限界費用**をみることで理解できる。損失の全額についてリスク保有していた場合，企業・組織が期待損失を引き下げるために自らリスクコントロールによる安全努力をすすんで行うと期待できる。経済合理的に意思決定する企業・組織であれば，安全努力のための限界費用が，それにより得られる限界便益を超えない範囲，すなわちeまでの範囲で，安全努力を行うであろう。しかしながら，保

第Ⅲ部　リスクファイナンスのプロセス

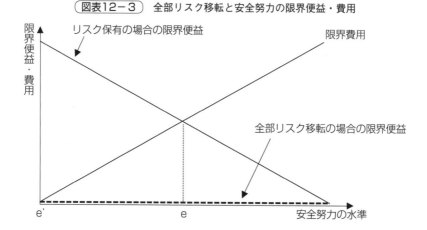

図表12-3　全部リスク移転と安全努力の限界便益・費用

険やヘッジなどによりリスク移転していた場合，損失が発生しても契約相手方から受け取る保険金やペイオフでそれを補填できるため，安全努力から得られる便益はリスク保有する場合より低下する。たとえば同図表の損失の全額の負担を免れる**全部リスク移転**を行っていた場合には，損失が発生してもしなくても負担は変わらないこととなる。いっぽうで防火・盗難防止などの安全努力には費用がかかるため，経済合理的な企業はすすんでそれを行うインセンティブを失い，理論上の安全努力水準は，それを全く行わないe'となる。

このようなモラルハザードを緩和するためには，損失の一部を自己負担するような**一部リスク移転**をアレンジすることが有効であることは，第5章において述べたとおりである。たとえば，第3章の保険のリスク移転機能の分析のなかで触れた損失の一定の割合を企業・組織が自己負担するような一部保険を付した場合に，保険契約者の安全努力の限界便益はどのように変化するだろうか。**図表12-4**は，自己負担として**コインシュアランス**を保険契約に組み入れていた場合の限界便益と限界費用との関係を示したものであるが，保険金により，損失の一定割合が補填可能であるため，限界便益線は全部リスク移転の場合より下方にシフトする。しかし，限界費用が限界便益を超える安全努力水準はe''

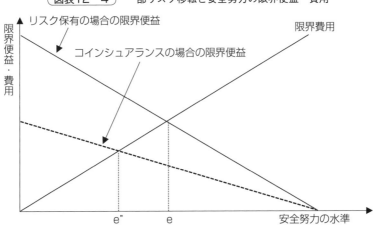

図表12-4　一部リスク移転と安全努力の限界便益・費用

となり，全部リスク移転の場合より上昇していることがわかる。コインシュアランスなどにより損失に対して自己負担額を設定することは，リスク移転としての保険に，リスク保有の要素を込み入れているものであり，すでに図表12-2で示したとおり，両者の領域が重なっている部分であるとみなすことができる。

(3) リスク保有の便益

期待損失の変動性の十分に小さい純粋リスクエクスポージャの場合には，企業・組織はリスク保有に際して，期待損失の額に基づいてキャッシュフローからの補填可能性を判断したり，積立金を準備すれば，かりに事故が起きても追加的な負担は重くない。しかも，リスク移転の場合に負担しなければならない前述の付加保険料などを含むリスクプレミアムを節約することができる。

また，図表12-4で分析したとおり，損失の全部または一部についてリスク保有を行っていれば，企業・組織は安全努力を行うインセンティブを持ち，モラルハザードの問題が緩和されるといえる。しかも，リスク保有の割合が高ければ高いほど，企業・組織は安全努力を怠らないと期待できる。

しかし，前節で述べたとおり，期待損失が高額であったり，その変動性が大きく実際に発生する損失が期待値を大幅に超えるおそれがある場合などにリスク保有を行っていたときには，以下で述べるリスク保有の費用が過大となるおそれがあることには留意する必要がある。

(4) リスク保有の費用

リスク保有は，リスクプレミアムの節約とモラルハザードの防止という便益をもたらすと同時に，投資機会の喪失という重大な費用負担につながり得る。リスクエクスポージャに高額の損失が発生するおそれがある場合，企業・組織はそれに備えて多額の資金を流動性の高いかたちで保有していなければならない。そのため，利益をもたらすと予想される事業プロジェクトなど有利な投資機会が現れたとしても，それを採用することはできず，代わりに資金を積立金に充てなければならないかもしれない。また，積立金の運用から生じる利益にかかる税金支払いも，リスク保有の明示的な費用である。

さらに，実際に発生した損失が内部資金で埋め合わせることができないほど高額であった場合には，事業再開のために新たに外部資金を調達しなければならない。しかし，次章で詳細に分析するように，外部資金調達には，株式や社債などの証券の発行のための手数料や法律費用などの明示的な費用がかかる。さらに，損失発生後に証券を発行すれば，投資家はその価値を過小評価すると予想される。このような**証券の過小評価**という費用のために，予定した金額を調達できないかもしれない。

以上のようなリスク移転とリスク保有の便益と費用は，**図表12-5**のとおりとなるが，これらは互いにトレードオフの関係にあるため，最適な意思決定を行うためには，前節までに述べた損失の頻度と強度，期待損益とその変動性を踏まえたうえで，コインシュアランスなどによりリスク移転とリスク保有を組み合わせたアレンジメントを行うことも検討すべきである。

第 12 章 リスクファイナンスの選択と実行

図表12－5　リスクファイナンスの便益と費用

	便益	費用
リスク移転	・有利な投資機会からの利益の享受 ・資金調達費用（証券発行費用，証券の過小評価など）の負担の可能性の低下	・リスクプレミアム（付加保険料，オプションプレミアムなど）の支払い ・企業・組織自身のモラルハザードによる期待損失の上昇
リスク保有	・リスクプレミアム（付加保険料，オプションプレミアムなど）の節約 ・安全努力へのインセンティブ向上による期待損失の低下	・有利な投資機会の喪失 ・資金調達費用（証券発行費用，証券の過小評価など）の負担の可能性の上昇

4．リスクファイナンスのアレンジメント

　リスク移転とリスク保有を行うことにより，企業・組織は様々な便益を享受できるいっぽうで，少なからぬ費用も負担しなければならなかった。しかも，これらの便益と費用は，互いにトレードオフの関係にあるため，企業・組織は，リスクファイナンスから得られる便益とそれにかかる費用とのバランスを継続的に注視し，リスクファイナンスの実行範囲や水準を適切に維持しなければならない。また同時に，リスクファイナンスを実行する際には，個々のリスクエクスポージャに対してリスク移転またはリスク保有のいずれか単一の方法で対処するのはなく，両者を組み合わせてアレンジすることも可能であることも忘れてはならない。たとえば，家庭電器製品メーカーの場合，生産工場が火災・地震・風水災により損失を被るという純粋リスクエクスポージャに対処するために，想定される損失を複数の**損失レイヤー**に分割し，自己負担が可能な少額部分のレイヤーは積立金や自家保険によりリスク保有を行い，それを超過した部分のレイヤーに対して単一または複数の保険会社から財物保険カバーを購入することもできる。このようなアレンジメントを行うことで，保険料負担を軽減できるだけでなく，メーカー自身の安全努力も高まると期待できる。このた

め，リスク引受者である保険会社は，このメーカーにすすんで保険を提供すると考えられる。

同じ家庭電器製品メーカーが，原材料となる鋼材の価格変動という価格リスクエクスポージャに第6章で述べたコールオプションを用いて対処する際にも，権利行使価格を，採算が取れる水準である損益分岐点に設定するのではなく，内部資金でまかなえる範囲でそれより高い水準に設定を行うこともできる。このように価格リスクの一部をリスク保有することにより，自ら対処し得ないほど鋼材価格が上昇したときのみオプション契約からペイオフが支払われると同時に，オプションプレミアムの負担も軽くすることができる。

5．まとめ

本章では，リスクファイナンスの実行に際して，どのようなリスクエクスポージャに，どの方法で対処できるのかを，リスクマップ，そして期待損失とその変動性から分析した。リスクマップに基づけば，低頻度でかつ低強度の純粋リスクエクスポージャに対してはリスク保有を行うことが可能であり，頻度は低いものの強度の高いものはリスク移転すべきであった。また，強度にかかわらず高頻度のリスクエクスポージャに対しては，リスクファイナンスではなく損失回避や損失縮小といったリスクコントロールで対処すべきであった。リターンとしての期待損益とその変動性に注目すれば，期待損益が十分に少額で，かつその変動性も十分に小さいエクスポージャに限り，リスク保有を行うべきであり，期待損益が十分に少額でなかったり，その変動性が小さくない場合にはリスク移転を行うことが適切であった。

また，リスクファイナンスを適切な水準で実行するために，それによって得られる便益と，そのために負担する費用についても本章において確認した。リスク移転は，利益の見込まれる事業プロジェクトや資産投資などの実行など，有利な投資機会を利用し，そこからの利益を享受できるといった便益があるいっぽうで，付加保険料やオプションプレミアムなどリスクプレミアムを契約

第 12 章　リスクファイナンスの選択と実行

相手方に支払うといった費用がかかることがわかった。反対にリスク保有を行った場合には，企業・組織自身のモラルハザードを緩和し期待損失が引き下げられるなどの便益を得ると同時に，外部資金調達のための費用を負担する可能性が上昇するという費用がかかることになった。これらの便益と費用は，互いにトレードオフの関係にあるため，企業・組織は，実施しているリスクファイナンスから得られる便益とそれにかかる費用とのバランスをとると同時に，両者を組み合わせてリスクファイナンスを行うことが必要であった。リスクファイナンスの便益と費用は，計量化が必ずしも容易なものばかりではないことも事実であるが，それぞれを構成する要素にどのようなものがあるのかに関する理解は，適切な意思決定に役立つであろう。

確認と議論

1. 大地震や洪水などの大規模自然災害のリスクは，どのような頻度と強度，期待損失とその変動性を伴うだろうか。また，どのようなリスクファイナンスで対処すべきだろうか。

2. 保険によるリスク移転に伴う費用であるモラルハザードを緩和するためには，保険契約にどのような要素を組み入れればよいだろうか。

3. 免責金額を控除方式ではなく，損失が一定額を超えればその全額が保険金により補填される非控除方式に基づいて設けた場合，どのような問題が起きるだろうか。

4. 損失発生後に企業・組織が証券を発行すれば，それは投資家からどのような評価を受けるだろうか。その理由は何であろうか。

第13章 価値最大化のための リスクファイナンス

　現在の企業・組織のリスクファイナンスは，単に起こり得る損失に備えるためものではなく，より積極的に価値最大化を目的として行われるようになっていることは，第2章において述べた。しかし前章で見たように，リスクファイナンスの実行には様々な費用がかかることも事実である。企業・組織が費用をかけてリスクファイナンスを行う意味を理解するために，本章ではまず，リスクによりもたらされる取引費用，すなわちリスクコストとは何かを明らかにする。そのうえで，リスクファイナンスを適切に行うことにより，リスクコストがどのように軽減され，企業・組織価値向上につながるのかを見ていく。

企業・組織価値　　ステークホルダー　　将来キャッシュフロー
株式ポートフォリオ　　リスクコスト　　リスクプレミアム
税率の累進性　　証券発行費用　　証券の過小評価
情報不均衡　　プリンシパル　　エージェント　　モニタリング
エージェンシーコスト

第Ⅲ部　リスクファイナンスのプロセス

1. 企業・組織の価値とリスクファイナンスの費用

(1) ステークホルダーと企業・組織価値

　企業・組織価値は，誰にとっての価値だろうか。企業・組織は，明示的には経営者や従業員などその内部で活動する当事者だけで構成されているわけではない。企業・組織の活動は，融資銀行，社債保有者，株主などの出資によって支えられている。また，顧客，原材料供給者，さらには様々なリスクを引き受ける保険会社も，企業・組織にとって重要な取引当事者である。これらの当事者は企業・組織との間に，雇用契約，出資・投資契約，売買契約，リスク移転契約などの契約を直接交わしている。さらに，潜在的な顧客としての消費者，企業・組織の社会的責任を果たす場である地域社会や，個人の情報交換の場としての様々なコミュニティーも，直接の契約関係にはないものの企業・組織に利害を持つ当事者であるといえる。同様に規制による公的介入を行う規制者，同じ市場で事業を行う同業の他企業・組織といった競争者なども直接契約を交わしていなくとも互いに利害を有している。このように企業・組織と明示的・非明示的な取引関係にあり，利害を有するあらゆる当事者は**ステークホルダー**と呼ばれる。そして，企業・組織価値は，これらのステークホルダーにとっての価値であり，その評価額は，企業・組織にもたらされる**将来キャッシュフロー**の期待値の現在価値として捉えることが一般的である。したがって，将来キャッシュインフローがキャッシュアウトフローより上回れば，企業・組織価値は上昇し，反対に前者が後者を下回れば，価値は下降する。

(2) リスクファイナンスの費用と企業・組織価値

　リスクファイナンスの実行には，様々な費用がかかることは，前章において分析したとおりである。たとえば，企業・組織が純粋リスクエクスポージャに対して保険を付した場合には，期待損失を超えた金額の保険料を支払うが，これは将来キャッシュフローを減少させるものである。つまり，リスクファイナンスの実行は，企業・組織価値の引下要因となり得るものである。もちろん企

業・組織に対して様々な請求権を持つステークホルダーは，契約相手方である企業・組織が多額の損失を被ったり，財務困難に陥れば，不利益を被ることになる。たとえば，債権者にとっては約定の金利受取りや出資元本の回収が，また，原材料供給者にとっては売掛金の回収が，従業員にとっては給与の受取りが，それぞれ遅延したり不能となったりする事態となる。このため，多くのステークホルダーは，ある程度の費用がかかっても，その企業・組織がリスクファイナンスを行うことを許容するだろう。

2．分散化したステークホルダーと企業・組織価値

(1) リスク分散によるリスク縮小

すべてのステークホルダーが，企業・組織のリスクファイナンス活動を常に許容するとは限らない。なぜならステークホルダーのなかには，取引を行う企業・組織を複数持つことにより，第9章で見た内部リスク縮小のリスク分散を行い，契約相手方である企業・組織の信用リスクを縮小できる場合があるからである。たとえば，銀行にとっては複数の多様な業種の企業・組織に融資を行うこと，社債保有者にとっては同様に多く企業の社債を保有すること，また顧客や供給者にとっては取引先を集中するのではなく，その数を増やすことなどの方法が挙げられる。

(2) 株主と企業・組織価値

ステークホルダーのなかでも，最も低い費用でリスク分散を行うことができる当事者が，株主である。株主は，企業・組織が株式会社の形態をとっている場合に，その所有者である。しかし，株式会社への請求権は，銀行，社債保有者，顧客，供給者，従業員など他のステークホルダーのものが優先される。つまり，株主は，株式会社がさらされるリスクを最終的に引き受ける立場にあり，経営者にとって重視すべきステークホルダーである。いっぽうで，株主は，保有する**株式ポートフォリオ**を容易にリスク分散させることが可能である。たと

えば、ミューチュアルファンドとも呼ばれる投資信託を購入すれば、たとえ少額の投資資金であっても、数多くの企業の株式を保有でき、リスク分散を行うことが可能である。リスク分散を行った株主は、数多くの投資先の一つである株式会社が、保険やヘッジなどのリスクファイナンスを、費用をかけてまで行うことを評価するだろうか。むしろ、個々の株式会社がリスクテイキングな経営を行った結果、たとえ一部の会社が損失を被ったとしても、他の会社が成功すれば、その利益で損失を埋め合わせることができる。このことから、十分にリスク分散を行った株式ポートフォリオを保有する株主は、それを構成する個々の株式会社が費用をかけてリスクファイナンスを行うより、リスクに果敢に挑戦するほうを評価するとも考えられる。

3．契約の集合体としての企業・組織

(1) リスク分散とリスクファイナンスとの逆説的関係

前節の分析からは、ステークホルダーは、リスク分散をとおしてリスク縮小を行うことができれば、企業・組織のリスクファイナンス活動を評価しない可能性が示唆された。とくに株主は、前述のとおり低費用でリスク分散を行うことが可能であり、リスクに挑戦する企業・組織を投資先として選好しそうである。しかし現実には、多くの株主は、リスクファイナンスを適切に行う企業を評価しているように見える。リスク分散を行った株主とリスクファイナンスとのこのような逆説的関係は、どのように説明できるだろうか。

(2) リスクコスト

企業・組織が、それを取り巻くステークホルダーとの間に交わした契約により成り立っていることは、先に述べたとおりである。このことについて別の見方をすれば、企業・組織は、**図表13－1**で示したように様々なステークホルダーとの間に結んだ契約の集合体であると見なすことができる。これらの契約には様々な取引費用がかかるが、企業・組織がリスクにさらされると、さらに

第13章 価値最大化のためのリスクファイナンス

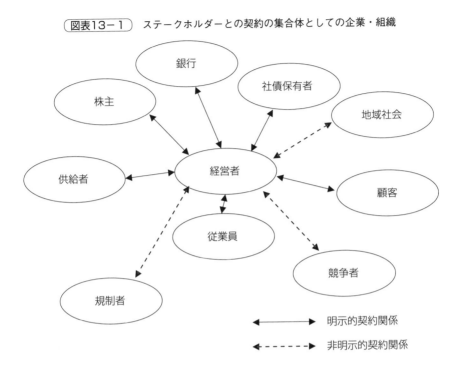

図表13-1 ステークホルダーとの契約の集合体としての企業・組織

追加的な費用がかかることになる。たとえば以下で詳しく述べるように，高い金利の支払い，株式の過小評価，支払税額の増加などが挙げられるが，このようなリスクにさらされることにより発生または上昇する取引費用が，**リスクコスト**と呼ばれるものである。リスクコストの負担は，企業・組織のキャッシュアウトフローとして企業・組織価値低下の重大な要因となる。次節では，リスクファイナンスを適切に行わなかった場合に，企業・組織が追加的に負担しなければならない主要なリスクコストの構成要素として，ステークホルダーに支払うリスクプレミアム，収益に課される法人税支払額，新規投資機会への資金調達費用，そして内部リスク縮小とリスクコントロールの費用を取り上げ，これらのリスクコストが，リスクファイナンス活動によりどのように軽減され，企業・組織価値上昇につながるのかを分析する。

201

4．リスクコストの構成要素

(1) ステークホルダーに対するリスクプレミアム

　企業・組織が財務困難に陥ったり，経営破綻したりした場合，社債保有者や融資銀行などの債権者は，約定(やくじょう)の金額を受け取るための手続きに必要な法律費用を負担しなければならない。このような費用負担の可能性を認識する債権者は，財務困難となる可能性の高い企業・組織への出資に対して，より高い金利を要求することになる。このことは，債権者以外のあらゆるステークホルダーにも当てはまる。たとえば，経営破綻した企業の再建のために有能な経営者を招くためには，高い報酬を支払わなければならない。同様に収支の不安定な企業・組織が従業員を確保するためには，割高の給与を支払う必要があるだろう。また，財務的困難による売掛金(うりかけきん)の回収不能の可能性を認識する供給者は割高の原材料価格を，供給の途絶を懸念する顧客も割安の製品価格を，それぞれ要求するかもしれない。これらの追加的費用は，ステークホルダーがリスクを引き受けることに対して要求する報酬，すなわち前章でも触れた**リスクプレミアム**である。

　このようなリスクプレミアムを，投資機会の期待損益とその変動性との関係から示せば，**図表13−2**のとおりとなる。同図表からわかるように損益の変動性としてのリスクが高ければ，高いリスクプレミアムが貨幣の時間価値に上乗せされたリターンを支払わなければならない。反対に企業・組織がリスクファイナンスをとおして損益の変動性を縮小し，財務困難に陥る可能性を低下させることができれば，ステークホルダーは，より低い金利や報酬，給与，原材料価格，そしてより高い製品価格といった，企業・組織にとって有利な条件ですすんで契約を交わすと考えられる。このように企業が財務上の困難に陥る可能性を下げることで有利な契約条件を享受でき，その結果として企業・組織価値を向上させることにつながる。

第 13 章　価値最大化のためのリスクファイナンス

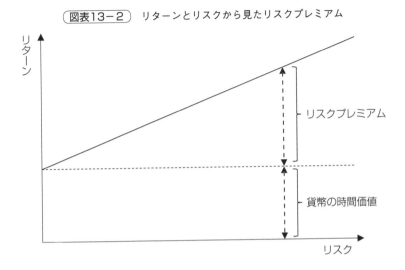

図表13－2　リターンとリスクから見たリスクプレミアム

(2)　法人税支払額

　法人税率は，一般的に累進性を伴っている。すなわち課税収入が増加すれば，それだけ税率が上昇するものである。このような**税率の累進性**のため企業・組織は，課税収益が多い年に支払わなければならない税支払額の増加分は，それが少ない年に支払わなければならない税支払額の減少分より大きくなる。しかも，企業・組織が事業損失を被った場合であっても，その損失が次期の利益から全額控除されることは通常ない。

　このことを示したものが**図表13－3**である。実際の法人税率は課税収入が増えるに従い段階的に不連続に上昇するが，同図表では単純化のために連続的に逓増的に増加すると仮定している。ここからわかるとおり，課税収入がその期待値を中心として増加した時の税率の上昇幅と，課税収入が同じ額だけ減少した時の税率の下降幅を比べると，前者のほうが大きいことが分かる。しかも課税収入の増加・減少幅が広いほど，すなわち課税収入の変動性が大きいほど，税率の上昇幅は，その下降幅に比べ相対的に広くなる。反対に課税収入が期待値に近い値となるようにその変動性を縮小すれば，税率の上昇幅と下降幅の差が狭まることがわかる。このように，企業・組織がリスクファイナンスを適切

第Ⅲ部　リスクファイナンスのプロセス

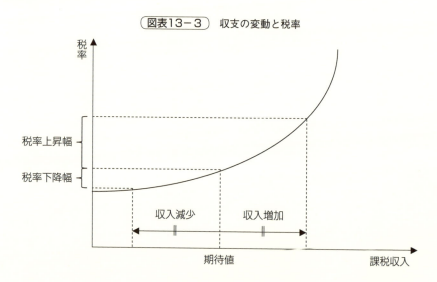

図表13-3　収支の変動と税率

に行い税引き前収支の変動性を縮小していれば，多期間にわたる累計税支払額を減らすことができる。さらに，収支の変動性を縮小することによる税制上の追加的な利点もある。すなわち収支が安定すれば，資金借入枠が引き上げられ，企業・組織はより多くの資金を銀行から借り入れることができる場合が多い。それに伴い利息の支払いは増加するが，その分非課税枠が押し上げられることになる。この支払税額の減少も，リスクコストの軽減要素である。

(3) 資金調達費用
① 証券発行費用

　前章においてリスク移転・リスク保有の便益と費用を分析した際にも触れたとおり，企業・組織が適切なリスクファイナンスの手当てを行っていないと，損失が発生すればそれを埋め合わせるために内部資金を充てることになる。そこに有利な投資機会が現れ，それに投資しようとしても，内部資金が枯渇していれば，新たに外部資金を調達しなくてはならない。企業・組織は，新たに株式や社債を発行することにより投資家から資金を集めることができるが，そのためには**証券発行費用**を直接負担しなければならない。具体的には，証券発行

第13章　価値最大化のためのリスクファイナンス

のために金融機関に支払う手数料や，所定の届出書類の作成や情報公開手続きなど法律・規制要件を満たすための諸費用が含まれる。

② **証券の過小評価**

証券発行に必要な手数料や法律費用といった明示的費用に加え，企業・組織は，損失補填のための外部資金を調達するには，**証券の過小評価**という少なからぬ非明示的費用を負担しなければならない。このような証券の過小評価は，企業・組織と資金提供者である投資家の間の**情報不均衡**に起因して生じるものである。すなわち，企業・組織の経営実態に関して，その経営者・管理者は十分知り得る立場にあるのに対して，株主や社債保有者はそうした情報を低費用で入手できるわけではない。いっぽうで，企業・組織が多額の損失を被った事実は，証券市場参加者は容易に知り得る場合が多い。このため，企業・組織が損失発生後に株式や社債を発行すれば，自らが情報劣位にあることを認識する投資家は，証券発行の理由が企業・組織の先行きに問題があるためであると捉え，実際の水準より低い価値しか認めないであろう。このような証券の過小評価の費用は，予定した外部資金の調達可能性を低下させるだけでなく，その企業・組織の発行する証券全体の価値低下にもつながる重大なリスクコストであるといえる。

③ **エージェンシーコスト**

企業・組織が株式会社形態をとっている場合，経営者は，**プリンシパル**である株主の**エージェント**として，株主の利益に沿った経営を行うことが求められる。いっぽうで経営者は，株式発行により調達した資金の使途について，一定の裁量を与えられている。本来であれば，調達した資金は株主利益のために使われるだろう。しかし，株主と経営者の利害は，必ずしも一致するとは限らない。たとえば株主は，株式からの配当の引上げや株価の上昇を望み，そのために経営者が行動することを求めるだろう。これに対して経営者は，株主のエージェントであることを認識しながらも，自らの報酬の引上げと経営者としての地位の継続を望むかもしれない。経営者が株主の利益のために行動しているかどうかを，株主が常に**モニタリング**することは，極めて困難である。このよう

第Ⅲ部 リスクファイナンスのプロセス

に経営者が株主の利益に反した行動をとるために生じる企業・組織価値の減少部分が，エージェンシーコストであり，資金調達費用を構成する要素の一つである。このようなエージェンシーコストは，経営者の報酬の一部を株価に連動させたり，第6章でも触れた株式を原資産としたオプションをそれに組み入れることにより，ある程度緩和することができるが，このような間接的なモニタリングの仕組みを設計し運営することにも費用がかかることも忘れてはならない。

以上のように外部資金を調達するには，様々な費用が発生することになるが，反対に企業・組織は適切にリスクファイナンスの手当てを行っていれば，たとえ損失を被ったとしても，なお内部資金を保有している可能性は高まり，収益を上げられる新規投資機会を逃すことなく利用することができるだろう。

(4) 内部リスク縮小の費用

リスクファイナンスが，期待損益の変動性を縮小する機能を持つことは，これまでも取り上げた。たとえば，保険は，損失が発生すれば保険金によりそれを埋め合わせ，キャッシュフローを一定に維持することができる。ヘッジも同様に，契約相手方からペイオフの受取り，または相手方へのその支払いにより，損失と利益を相殺しキャッシュフローを平準化するものである。これらのリスクファイナンスを行っていない場合に，企業・組織がとりうる同様の機能を持つリスクマネジメントが内部リスク縮小である。第9章で詳しく見たとおり，事業の多角化を推進したり，広範囲な立地に事業活動の拠点を配置したり，財物を所有したり，数多くの投資資産を保有するといったリスク分散と，将来キャッシュフローを正確に予測するために情報を収集し分析する情報投資が含まれる。

これらの対策をとるためには，少なからぬ内部リスク縮小の費用を負担しなければならない。たとえば，リスク分散のためには，事業の多角化を達成するための初期費用や，その後一連の諸事業を管理運営するための継続費用といったものが挙げられる。また，情報投資のためには，将来の利益や，費用，損失

第13章 価値最大化のためのリスクファイナンス

を正確に見通すために，自社の過去おおよび現在の多様な統計情報や，業界全体の情報，あるいはマクロ経済情報などを収集・分析するための費用がかかる。場合によっては，これらの情報収集・分析をリスクマネジメント事業者に委託することもできるが，そのために支払う代金も情報への投資の費用であることは言うまでもない。

　これらの費用は企業・組織価値の引下要因となるものであるが，企業組織が，リスクファイナンスを行い期待損益の変動性を縮小していれば，過度に内部リスク縮小のための努力を行う必要はなくなり，そのための諸費用も過大となることはない。

(5) リスクコントロールの費用
① リスクコントロールの明示的費用

　リスクファイナンスを適切に行っていない場合，企業・組織は内部リスク縮小と並んで，リスクエクスポージャに対して十分なリスクコントロールを行い，期待損失を引き下げる必要がある。第9章で見たとおり，たとえば製品製造会社が行えるリスクコントロールには，工場内での火気使用場所の制限や従業員に対する防火教育などの損失回避，防火壁の設置やスプリンクラーの配備などの損失縮小が含まれる。この製品製造会社が火災保険などのリスクファイナンスの手当てを行っていない場合には，火災発生の確率をゼロに近づけるために負担するリスクコントロールの費用は極めて高額になるだろう。また，たとえば生産物責任保険を手当てしていない製薬会社が，薬害事故による損害賠償負担を回避するためには，極めて厳格な安全性検査を事前に行ったり，場合によっては開発した新薬の販売を限定しなければならないかもしれない。このときの安全性検査の費用や，売上の減少分もリスクコントロールの費用である。このように企業・組織が適切なリスクファイナンスを行っていない場合には，費用をかけて自らリスクコントロールを行うか，同様のサービスをリスクマネジメント事業者から購入し，期待損失を最小化する努力を続ける必要がある。

第Ⅲ部　リスクファイナンスのプロセス

② 保険によるリスクコントロール費用の軽減効果

　いっぽう企業・組織がリスクファイナンスの方法として保険を利用していれば，損失が発生しても保険会社から受け取る保険金でそれを補填できるため，リスクコントロールを過度に行う必要はなくなる。さらに，第5章で触れたように，損失発生前においても保険会社は，損失回避と損失縮小のためのリスクコントロール・サービスを，保険契約者である企業・組織に提供している。これらのサービスの費用には，保険料を構成する付加保険料の一部が充てられるため，結果的に保険を購入した企業・組織の負担に帰するものであるが，その負担額は，企業・組織が自らリスクコントロールを行うための費用より低額である場合が多い。なぜなら，保険会社は通常数多くの保険契約を引き受け，数多くの企業・組織に対して専門的な知識と技能を用いて同様のリスクコントロール・サービスを提供しているからである。規模の経済性により，付加保険料に含まれるこれらのサービスのための費用は，同様のサービスを個々の企業・組織が自ら専属の従業員を雇用して行う費用より低いと考えられる。

　企業・組織が，リスクマネジメント事業者から同様のリスクコントロール・サービスを購入する場合はどうであろうか。このような事業者も，保険会社と同様に数多くの顧客に対して同様のサービスを提供している。このことから，企業・組織は自らリスクコントロールを行うよりも，低費用でサービスを購入できるだろう。もちろんリスクマネジメント専門事業者は，契約上の義務に基づいて最良のリスクコントロール・サービスを提供しようとするが，サービス購入者である企業・組織に損失が発生してもそれを埋め合わせる立場にない限りは，意図しない努力水準の低下が引き起こされるおそれがないわけではない。そのような事態を避けるため，企業・組織はプリンシパルとして，エージェントである専門事業者をモニタリングする必要があり，そのための費用もリスクコントロール費用となる。しかし保険会社は，保険契約者である企業・組織が保険の対象となる事故で損失を被れば，保険金を支払う立場にある。このことから保険会社は，効果の高いリスクコントロール・サービスを提供することによって損失を抑制しようとするインセンティブを持つと言える。このことから，

企業・組織が保険会社からより低い費用で，効果的なリスクコントロール・サービスを受けていると見なせば，リスクファイナンスとしての保険の利用は，リスクコントロールのための費用としてのリスクコストの負担軽減に貢献しているといえる。

以上で見てきたように企業・組織がリスクにさらされることにより少なからぬリスクコストを負担することになるが，その主要な構成要素は，図表13－4のとおりとなる。反対に，適切にリスクファイナンスの手当を行っていれば，これらのコストを最小化することができ，あらゆるステークホルダーにとっての価値向上につながる。

図表13－4　リスクファイナンスを行わない場合のリスクコスト

ステークホルダーに対するリスクプレミアム		株主への配当，債権者への金利，従業員への給与，供給者への原材料価格の増加分，顧客からの商品価格の減少分
法人税支払額		課税収支の変動が大きい場合の多期間での累計支払税額の増加分
資金調達費用	証券発行費用	金融機関への証券発行手数料，法律・規制要件充足のための諸費用
	証券の過小評価	経営実態に関して情報劣位にある投資家による証券価値の過小評価分
	エージェンシーコスト	株主と経営者の利害不一致による企業・組織価値減少分
内部リスク縮小の費用		追加的内部リスク縮小の実行のための諸費用
リスクコントロールの費用		追加的リスクコントロールの実行のための諸費用

5．まとめ

企業・組織がリスクにさらされることにより追加的に負担するリスクコストの概念が導入され，その企業・組織価値への影響が広く認識されるようになっ

第Ⅲ部　リスクファイナンスのプロセス

たことは，第2章において述べたリスクマネジメントとリスクファイナンスの体系化を大きく促進させるとともに，企業・組織のリスクファイナンスに対する態度を変化させることとなった。かつて企業・組織のリスクファイナンスは，保険により純粋リスクにいかに対処すべきかを中心的課題とし，起こり得る損失に備えるための受動的な活動であると考えられていた。しかし，リスクコストの縮小がステークホルダーの利益に貢献することを認識する現在の企業・組織経営者とそのリスクマネジャーは，リスクファイナンスを，リスクコストの最小化と価値最大化という，より積極的な目的のために行っている。しかも，価格リスクや信用リスクも含めたあらゆるリスクに対して，保険やヘッジ，リスク保有といった多様なリスクファイナンスを統合的にアレンジし，さらには内部リスク縮小とリスクコントロールと組み合わせて，実行するようになっている。その意味でも，本書において見てきた，保険，ヘッジ，免責・補償の合意，代替リスク移転，リスク保有など，多様なリスクファイナンスを共通の視点で理解しておくことが，企業・組織リスクファイナンスにおいても，より広く企業・組織経営全般においても，極めて重要である。

確認と議論

1. 保険会社のなかには相互会社形態をとっているものも多いが，この場合の重要なステークホルダーにはどのような当事者がおり，組織価値として何を重視するだろうか。また，株式会社とはどのように異なるだろうか。
2. 企業・組織がリスクファイナンスを適切に行えば，どのようなステークホルダーとの，どのような契約条件が改善できるだろうか。
3. エージェンシーコストの負担を軽減するために，経営者の報酬に自社の株式を原資産とするオプションを組み入れるとすると，どのような権利行使価格を設定したプットオプションまたはコールオプションを用いればよいだろうか。
4. 企業・組織は期待損失を超えた保険料を支払っても，自らのリスクエクスポージャに保険を付すことに価値を見出すだろうか。また，その理由は何だろうか。

『確認と議論』解説

第1章

1. 企業・組織にとってリスクは，キャッシュフローの減少と，その変動性の拡大という2つの意味を持っている。前者には，工場の火災により修繕・建替費用を負担することによるキャッシュアウトフローの増加や，休業損失を被ることによるキャッシュインフローの減少などが挙げられる。後者には，マクロ経済などの外的な要因により収支の不安定性が増し，キャッシュフローの変動幅が拡大することなどが挙げられる。

2. 製品を製造・販売する企業は，自然災害による工場の損壊，製品の汚損，事業中断などのほか，製品に不具合があった場合の製品リコールや，顧客が傷害を負った場合の生産物責任の負担などの純粋リスクにさらされている。

3. 銀行融資により工場を運営し，輸入した原材料で製品製造し，輸出している企業にとっての価格リスクは，金利の変動により銀行への支払金利が変動すること，為替レートの変動に伴い原材料の価格が変動すること，同じく為替レートの変動により輸出製品の売上高が変動することなどが挙げられる。

4. 預金保険制度や保険契約者保護制度などのセーフティネットが，必ずしも十分に手厚くないことには，それらの財源確保が必ずしも容易でないという理由が挙げられる。このことに加え，市場規律を機能させ，金融機関の健全な経営を促すという点からも合理性があるといえる。かりに銀行や保険会社が財務困難となっても預金や保険金が完全に保護されるのであれば，預金者や保険契約者はこれらの金融機関の財務健全性への関心を低下させ，そのことを知る金融機関は，リスクテイキングな経営を行うかもしれない。反対に預金や保険契約が完全には保護されないことを認識する預金者や保険契約者は，金融機関の経営と財務の健全性を

『確認と議論』解説

精査したうえで，取引相手方を選択すると期待できる。

第2章

1. 火災のリスクに備えるためには，火災保険に入ること，十分な貯蓄を行うこと，火気の取扱いに注意を払うこと，火災報知器を設置すること，建物に防火素材を使用することなどが挙げられる。火災保険と貯蓄は，ともにリスクファイナンスであり，前者はリスク移転に，後者はリスク保有に分類される。火気の取扱いに注意を払うことは，リスクコントロールの損失回避にあたる。火災報知器の設置と防火素材の使用は，リスクコントロールの損失縮小に分類される。

2. 生命保険は，人の生存と死亡に関わるリスクを対象とする。保険の対象となる個人は，死亡するまでは確実に生存している。いつまで生存するのか，あるいはいつ死亡するのかというタイミングの不確実性はあるものの，標準生命表などに基づいて平均的な生存・死亡年齢は把握することができる。いっぽう損害保険は事故や災害などの偶然の事故に関わるリスクを対象としているため，対象とする事故や災害が起きるのかどうか自体が不確実であるとともに，損失がいくらになるのかも不確実であるといえる。

3. 企業・組織は，複数の原材料供給者や顧客と取引を行うことで，原材料供給の途絶や，売掛金回収不能のリスクを縮小することができる。また，資金調達先を，株式，社債，銀行借入れなど多様化することにより，株価や金利の変動のリスクを縮小することができる。

4. 企業・組織は過去から現在に至るまでの自らの経営するすべての工場で発生した傷害の発生頻度と，かかった医療費などの損失の強度に関する情報や，事業者団体などをとおして同業他社の工場における傷害に関する情報を収集することにより，将来の傷害による期待損失を，より高い精度で予測できる。

『確認と議論』解説

第3章

1. 保険会社は，数多くの保険契約者からリスクを引き受け，管理するというプーリングアレンジメントによりリスク分散を行い，保険契約ポートフォリオ全体としてのリスクを内部的に縮小している。

2. 一部保険契約には，自己負担額を損失に対する定率で決定するコインシュアランス，それを定額で設ける控除免責金額，そして保険金に支払限度を設ける支払限度額などが挙げられる。

3. 生命保険の保険事故は被保険者の生存または死亡であるが，これらが発生した時の損失を把握することは，必ずしも容易ではない。このため，予め保険金を決めておく定額給付方式に基づく場合が多い。いっぽう火災保険などの損害保険において，支払われる保険金の上限である保険金額を任意に設定できた場合，実際の価額以上の保険金額が付けられ，事故が発生すれば損失以上の保険金が支払われるケースも生じ得る。その結果，無意識に，または故意に，事故を発生させるというモラルハザードにもつながりかねないため，実損填補方式により保険金を支払うことが合理的であるといえる。

4. 傷害保険の支払対象となるためには，事故の偶然性，急激性，外来性が求められるが，火災の煙による窒息や，一酸化炭素中毒は，偶然かつ急激に生じるものであり，身体の外部からの作用であるため，外来性の要件も満たされる。このため，傷害保険の保険金支払いの対象となると考えられる。

第4章

1. リスク中立者は，財産の期待値にのみ関心があり，その変動性には関心がない。このため財産が増えたときの効用の増加分と，財産が同じだけ減ったときの効用の減少分は，ともに同程度である。したがって，その期待効用関数は，下図の直線Aのような形状となる。したがって，付加保険料の支払いにより財産の期待値が減る保険には，加入しようとしな

『確認と議論』解説

い。また，リスク選好者は，財産が増えることを，それが減ることより重く評価するため，下図の曲線Bのような期待効用関数を持つ。したがって財産が同じ額だけ増加または減少した場合の，効用の増加分と減少分とでは，前者のほうが大きくなる。リスク選好者も，付加保険料を支払ってまでリスクから免れたいとは考えないため，保険には入らない。

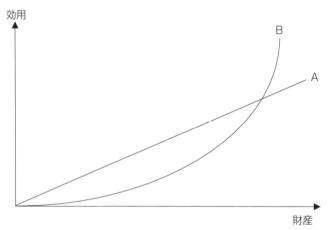

2. 保険会社は，損失発生の相関が低く，かつパラメータ不確実性の低い，小規模のリスクエクスポージャを数多く引き受けることで，保険のプーリング効果を高めることができる。また，リスク実態を低費用で知り得るリスクエクスポージャを引き受けることで，逆選択やモラルハザードが深刻となる事態を回避することができる。

3. 自動車事故のリスク実態を評価するためには，運転者の属性である運転歴，無事故・事故歴，自動車の使用目的などを把握する必要があるが，これらに関する精度の高い情報を十分に低費用で入手できるとは限らない。このため，運転者の年齢や運転免許証の色，車両の用途・車種，型式などの，比較的低費用で確認可能な指標も同時に用いる必要がある。

4. 公的医療保険や雇用保険が十分に手厚い保障を提供する場合，医療サービスの過剰利用・過剰提供や，就業の遅延などの無意識的または意識的なモラルハザードを引き起こすおそれがあり，この問題が深刻となれば

保険金が高額となり，保険の仕組みが成り立たなくおそれがある。このような潜在的なモラルハザードも，これらの公的保険の保障が限定される根拠の一つである。

第5章

1. 参考純率が算出されている火災保険，自動車保険，傷害保険は，多くの個人も保険契約者となっている。個人契約者は，保険の価格に関して情報劣位にあるばかりでなく，企業・組織契約者のように保険会社に対して十分な交渉力を持たないことが多い。このような個人契約者の劣位な立場を補完することも，これらの保険で参考純率が算出されていることの理由である。
2. 自賠責保険と地震保険は，ともに交通事故被害者，地震被害者の救済という社会的な目的を持ったものである。このため，事業効率がよく財務健全性の高い保険会社が，これらの保険契約を引き受ける必要がある。付加保険料部分を含み保険料が一律であることにより，事業効率のよい保険会社は，採算が十分とれるため，そうでない保険会社より，より積極的に保険契約を引き受けると期待できる。
3. 自動車保険のノンフリート等級制度とも呼ばれる事故・無事故等級制度などが，個人契約者を対象とした経験料率の例として挙げられる。
4. 控除免責金額は，頻繁に発生するであろう少額の損失を保険金支払いの対象としないことにより，それにかかる保険会社の経費を節約し，その結果として付加保険料の低廉化にもつながるものである。

第6章

1. 相対取引である先渡し契約は，当事者間での合意に基づき柔軟な契約内容とすることができるため，生鮮食料品など様々なものが原資産となる。いっぽうと先物は取引所に上場して取引されるため，質と量の標準化が可能な，通貨，金利，各種金属，原油，天然ガス，天然ゴムのほか，小

『確認と議論』解説

　麦などの穀物などが原資産となり得る。

2. 原資産の売買を行わない投資家のリスクプロファイルは，価格線と重なった水平の形状になる。そこに先物契約を結べば，その後のリスクプロファイルは，先物のペイオフと同じ形状に変化する。このため，本来無関係だった原資産の価格の変動のリスクにさらされることになる。

3. 原資産販売者がコールオプションを利用した場合，下図の破線Cのように原資産の価格が下落したとき権利を放棄しても損失はそのまま被り，その価格が上昇した場合は不必要に多くの利益を得ることになり，キャッシュフローの変動性は拡大する。

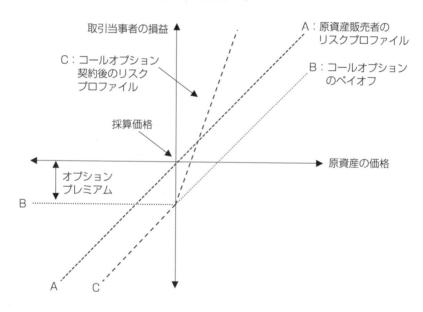

4. 原資産購入者がプットオプションを利用した場合，下図の破線Cのように原資産の価格が上昇したとき権利を放棄しても損失はそのまま被り，その価格が下落した場合は不必要に多くの利益を得ることになり，キャッシュフローの変動性は拡大する。

『確認と議論』解説

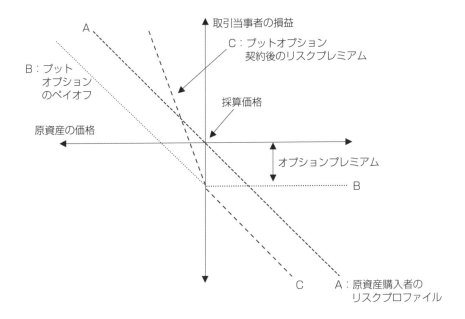

第7章

1. 地震などのカタストロフィボンドが対象とする事象は，他の証券からのリターンとの相関が高くない。このため投資家は，それを自らの資産ポートフォリオの一部に組み入れることで，リスク分散による内部リスク縮小を行うことができる。

2. 暖冬によって収益が低下する企業・組織の例としては，冬物衣料や暖房機器の販売が冬期の気候に左右される衣料品小売店や家庭電器製品小売店などが挙げられる。これらの企業・組織は，冬期の対象期間の通算平均気温や，対象期間における一日の平均気温が一定水準を下回った日数などをインデックスとし，前者についてはその水準を下回ったとき，後者についてはその水準を上回ったときにペイオフが支払われる天候デリバティブ契約を結ぶことで，売上の低下による減収に対処できる。

3. 野菜や穀物などの農産物を生産し販売する農場や農業企業が，干ばつに

『確認と議論』解説

よって収益が低下する企業・組織の例に挙げられる。このような企業は，対象期間の通算降水量や降雨日数をインデックスとして，これらが一定水準を下回った場合にペイオフが支払われる天候デリバティブ契約を結べばよい。

4. 運送会社は，製品メーカーから製品の輸送を請け負っており，輸送中の安全について十分な情報を持ち，事故の頻度と損失の強度をある程度コントロールできる。このため免責の合意の際には，情報優位者である運送会社がリスク引受者となることで，製品輸送の安全水準を引き上げることができる。

第8章

1. 十分な数のリスクエクスポージャがない中・小規模企業は，キャプティブ設立の費用が過大となるうえ，リスクプーリング効果も限定的である。しかし，別のグループのキャプティブにプレミアムを支払うことにより，自らのリスクを移転するという，レンタキャプティブの方法を選択することができる。

2. 企業・組織にとって有利な規制と税制を持つ海外の地域にキャプティブを設立することにより，様々な費用を節減できる。このような費用節減は，企業・組織のキャッシュフローの増加要素であるため，株主や債権者などのステークホルダーにとってもメリットである。しかし，キャプティブがグループ全体のリスクを引き受けていることから，グループ内の他のユニットのリスクからも影響を受けることになり，また，その実態をステークホルダーが容易に把握できなくなる点には留意する必要がある。

3. 地震などの大規模自然災害は，期待損失の変動性が大きいばかりでなく，長期的周期で発生するものが多い。このため，ファイナイトリスクの契約期間として一般的な5年から10年では，企業・組織のキャッシュフローを平準化できない可能性がある。このため，リスク移転などの別の

方法での対処を検討すべきである。
4．カタストロフィボンドの場合と同様に，トリガーイベントとなる地震などの事象は，他の証券からのリターンとの相関が高くない。このため投資家は，コンティンジェットデットを自らの資産ポートフォリオの一部に組み入れることで，リスク分散によるリスク縮小が期待できる。

第9章

1．保険会社が，地理的に広範囲において，比較的小規模の財物損失エクスポージャを，数多く引き受けるというアンダーライティグ方針を採用することで，自然災害や大規模火災のリスクを分散することができる。また，いったん引き受けたリスクエクスポージャの一部を他の複数の保険会社や再保険会社と交換する再保険契約を結ぶことにより，さらにリスク分散を行うことができる。
2．価格循環の転倒性があるため，保険料は将来予測によって算出される。より精度の高い保険料算出を行うために，保険会社は大数の法則に従って，可能な限り過去の事故発生に関わる情報を収集し，統計を編纂・分析している。また，保険料率算出団体が複数の会員保険会社の情報を収集し，算出した参考純率や基準料率を参考または基礎とすることも，大数の法則に従ったものである。
3．キャプティブ設立のための法的手続きを進めると同時に，将来の損失補填に必要な費用を，高い精度で予測するために，グループ内の各ユニットの，過去における事故と損失発生に関する十分な量の情報を収集し分析するという情報投資を行わなければならない。
4．運送業を営む企業・組織が，自動車事故を完全に回避するためには，運転者に対する安全運転訓練の実施や，自動車への安全運転補助装置の装備を厳格に行うことができるが，これらの損失回避によっても，事故の頻度をゼロにすることはできない。それでも損失回避を行うためには，運送業からの撤退という最大の費用を負担することになる。

『確認と議論』解説

第10章

1. 多くの大規模な建物・施設を一か所に集中して所有する大型娯楽施設運営企業などにとっては，財物損失エクスポージャがとくに重要である。また，教育機関や，会計士・税理士・弁護士・司法書士などの専門職業人事務所は，人的資源に依存する割合が高く，人身損失エクスポージャがとくに重要な事業である。

2. 医療機関にとっては，医療過誤に伴う賠償責任損失エクスポージャが重大である。医療行為の安全性と効果に関して，医療従事者は情報優位であるいっぽうで，患者は圧倒的に情報劣位である。このため，医療過誤によって医療従事者が負う賠償責任は極めて重く，その結果賠償金の支払いといった直接損失だけでなく，信用の低下による利用者の減少などの間接損失を長期にわたって被るおそれがある。

3. 金利が上昇すれば，社債や国公債などの債券からのリターンも上昇するため，投資家は株式市場の投資資金を引き揚げ，債券市場に投入する傾向がある。その結果，他の条件が同じであれば，株価は低下する。反対に金利が引き下げられれば，債券からのリターンも下がるため，投資資金が債券市場から株式市場に流れ，株価が上昇する傾向がある。

4. 大口の顧客に集中するのではなく，数多くの顧客と取引することにより，リスク分散を行い，顧客の信用リスクを内部的に縮小することができる。

第11章

1. 80パーセントの確率で10,000円を得ることができるが，20パーセントの確率で40,000円を失う投資機会の期待損益は，以下のとおり0円と計算できる。

$0.80 \times 10,000 + 0.20 \times (-40,000) = 0$

経済合理的な個人は，80パーセントの確率で10,000円得ることよりも，20パーセントの確率であっても40,000円失うことを重く捉えるため，この投資機会を選択しない場合が多いと考えられる。

2. 軽微な衝突による車両の損失など，強度の低い自動車事故は高い頻度で発生するのに対して，車両が全損したり，複数の個人が重度の傷害を負ったりするような重大な事故の頻度は，それほど高くない。このため自動車事故の確率分布は，正の歪度を持つと考えられる。
3. 予想最大損失が2パーセントの信頼水準において1億円である場合と，5パーセントの信頼水準で1億円である場合は，前者は，損失が1億を超える確率が2パーセント，後者は損失が1億を超える確率が5パーセントであることを意味することから，後者のほうがより重大である。
4. 互いに負の相関を持つ投資資産を組み合わせてポートフォリオを構成すれば，リスク分散の効果を高めることができる。したがって，相関係数が－0.7である投資資産AとBを選択すべきである。

第12章

1. 大規模自然災害のリスクは，頻繁に発生するものではないが，いったん発生すれば甚大（じんだい）な被害をもたらす。このため，頻度は低いものの，強度は非常に高い。また，期待損失はそれほど高額とはならないが，その変動性は大きい。このため，リスク保有では損失補填のために外部資金の調達が必要となるおそれがある。したがって，建物に耐震補強を行ったり，財物を災害危険地域から移転したりするなどのリスクコントロールを適切に行ったうえで，自然災害を対象とした保険やカタストロフィボンドなどのリスク移転により対処すべきである。
2. 保険契約に控除免責金額やコインシュアランスなどの自己負担額を設けること，保険金請求歴に基づき保険料に割増・割引を適用する経験料率を採用すること，さらに保険契約締結後に，保険会社がリスクコントロール・サービスを保険契約者に提供することなどにより，モラルハザードを緩和することができる。
3. 損失が一定額を超えればその全額が保険金により補填される方式に基づいて免責金額が設けられれば，事故発生以前には，保険契約者は安全努

『確認と議論』解説

力を著しく低下させることはないと考えられるが，いったん事故が発生すれば損失が免責金額を超えた時点でその全額について自己負担を免れることとなるため，十分な損失縮小の努力を怠るという，別のかたちのモラルハザードが引き起こされるおそれがある。

4．損失発生後に証券を発行すれば，投資家はその価値を実態より低く評価すると考えられる。なぜなら，企業・組織の経営実態に関して情報劣位にある投資家は，証券発行が財務困難を理由にしたものであると捉えるからである。その結果，企業・組織は予定した資金を調達できないかもしれない。

第13章

1．相互会社形態をとる保険会社には，生命保険会社が多い。株主が所有者となる株式会社とは異なり，相互保険会社の場合は，保険料を出資している社員である保険契約者が重要なステークホルダーとなる。とくに生命保険契約は，契約期間が数十年といった長期にわたるものも多い。このため，社員である保険契約者は，相互保険会社が長期にわたって安定的に継続することを望み，そのことを経営者も重視する。いっぽう株式会社の所有者である株主は，配当や株価が比較的短期間に上昇することを望むとともに，株式を売却することもできる。このため株式会社の経営者は，より短期的なキャッシュフローの増加を重視する傾向がある。

2．企業・組織が適切にリスクファイナンスを行い安定的な経営を行っていれば，株主は過度に高い配当や，株価の短期間での上昇を要求しない場合もある。融資銀行や社債保有者に対する金利も，高い水準とならない。また，供給者や顧客との取引が継続することに加え，供給者からは原材料価格の割引を受けることができる場合がある。さらに，有能な管理者を含む従業員を雇用するための報酬も，高いリスクプレミアムを上乗せする必要がなくなる場合もある。

3．経営者の報酬の一部を自社の株式オプションで支払う場合，たとえば満

期を1年後とし，権利行使価格を現在の株価と同じか，それよりも高い水準に設定したコールオプションを用いればよい。これにより，経営者は1年後に自社の株式を市場価格より割安で購入できるように，株価が権利行使価格より高くなるよう経営努力をすると期待でき，株主が経営者をモニタリングする費用が軽減される。

4. 企業・組織は，個人が財産の増減に対して示すほど明確にリスク回避的でないかもしれないが，自らがさらされるリスクエクスポージャに対して保険を付すことにより，高額の損失を被る可能性が低下すれば，ステークホルダーへのリスクプレミアムや法人税支払額，資金調達費用などの負担が減り，さらに自ら費用をかけて過度に内部リスク縮小やリスクコントロールを行う必要もなくなる。このようなリスクコスト負担の軽減が価値上昇につながることを認識する企業・組織は，すすんで付加保険料を含む保険料を支払って保険に入ると考えられる。

索　引

あ 行

相対取引 …………………………… 86
アンダーライティング …………… 76
医師賠償責任保険 ………………… 49
一部保険 …………………………… 38
一部リスク移転 …………………… 190
医療保険 …………………………… 44
インセンティブ …………………… 60
インデックスベース ……………… 101
エージェンシーコスト …………… 206
エージェント ……………………… 205
オプション ………………………… 90
オプションプレミアム ……… 90, 189
オプション料 ……………………… 105

か 行

回帰分析 …………………………… 139
価格リスク ………………………… 8
価格リスクエクスポージャ ……… 157
格付け情報 ………………………… 71
確率変数 …………………………… 166
確率密度関数 ……………………… 167
火災保険 …………………………… 45
加重平均 …………………………… 166
カタストロフィボンド ……… 26, 100
価値循環の転倒性 ………………… 52
加入強制 …………………………… 63
株式ポートフォリオ ……………… 199
株主 ………………………………… 199

為替リスク ……………………… 9, 159
為替レート ………………………… 158
環境汚染賠償責任 ………………… 156
環境汚染賠償責任保険 …………… 49
間接損失 …………………………… 152
企業・組織価値 …………… 5, 198
企業賠償責任保険 ………………… 48
基準料率 …………………………… 69
希少資源 …………………………… 8
期待効用関数 ……………………… 54
期待損失 ……………………… 30, 53
逆選択 ………………………… 60, 77
キャプティブ ………………… 28, 117
キャプティブ保険者 ……………… 117
休業損失 …………………………… 152
強制保険 …………………………… 47
強度 …………………………… 30, 182
共分散 ……………………………… 175
曲線回帰分析 ……………………… 140
均一保険料 ………………………… 63
金融派生商品 ……………………… 25
金利 …………………………… 11, 158
金利スワップ ……………………… 94
金利リスク …………………… 11, 159
偶然の事故 ………………………… 45
グループキャプティブ …………… 118
経営者賠償責任 …………………… 156
経営者賠償責任保険 ……………… 49
経験料率 …………………………… 77
経年減価額 ………………………… 153

225

索　引

限界費用…………………143, 189	財務健全性………………………161
限界便益…………………143, 189	債務免除…………………………101
限月…………………………………87	先物…………………………………86
原材料価格………………………158	先物価格……………………………87
原資産………………………………84	先渡し………………………………84
現物取引……………………………86	先渡し価格…………………………84
権利行使価格………………………90	参考純率……………………………69
コインシュアランス…………78, 190	産出価格……………………………9
後遺障害………………………6, 152	時価額……………………………153
控除免責金額………………………78	自家保険……………………28, 116
公正価格……………………………53	事業中断…………………………152
公正保険料…………………………55	シグナリングコスト………………57
公的医療保険………………………39	事故の急激性・偶然性・外来性……43
公的生活保障制度…………………39	市場価値…………………………153
公的保険……………………………39	市場規律……………………………71
効用……………………………4, 54	地震危険補償特約…………………47
コールオプション…………………90	地震保険……………………………46
コミットメントライン……………125	事前認可……………………………69
固有価値…………………………153	自損事故保険………………………44
雇用保険……………………………40	実損填補方式………………………46
コンティンジェントデット………127	疾病……………………………6, 152
	私的保険……………………………41
さ　行	自動車保険…………………………48
サーチコスト………………………56	自賠責保険…………………………47
債券格付け機関……………………13	支払遅延……………………12, 160
債権放棄…………………………101	支払能力……………………………56
最小二乗直線……………………140	支払不能……………………12, 160
再調達価額………………………154	死亡……………………………6, 152
最頻値……………………………168	死亡保険……………………………42
財物資源……………………………7	車両保険……………………………48
財物損失エクスポージャ………153	集中戦略…………………………133
財物損失リスク…………………7, 45	純粋キャプティブ………………117
再保険取引…………………………72	純粋リスク……………………6, 20
財務規制………………………14, 68	純粋リスクエクスポージャ……151

索　引

純保険料	52
傷害	6, 152
傷害疾病保険	24, 43
傷害保険	43
証券化	100
証券の過小評価	192, 205
証券発行費用	204
商品価格リスク	9, 159
情報投資	22, 29, 139
情報の不完全性	56
情報不均衡	56, 110, 205
将来キャッシュフロー	4, 198
所得再分配機能	39
所得補償保険	43
新規調達価額	153
シンジケート方式	127
人身傷害補償保険	44
人身損失エクスポージャ	152
人身損失リスク	6
人的資源	6, 152
信用リスク	12, 161
信用リスクエクスポージャ	160
信頼水準	173
スクリーニングコスト	63
ステークホルダー	155, 198
ストライク値	104
スワップ	94
正規分布	135, 168
清算取引	87
生産物賠償責任	48, 155
生死混合保険	42
生存保険	41
製品保証制度	109
生命保険	24, 41

税率の累進性	203
セーフティネット	14, 70, 161
全部保険	38
全部リスク移転	190
専門職業人賠償責任	156
専門職業人賠償責任保険	49
相関	28, 57
相関係数	137, 176
想定元本	94
総保険金支払限度額	122
ソルベンシーマージン比率	68
損害保険	24, 45
損失回避	23, 30, 141
損失縮小	23, 30, 141
損失レイヤー	193

た　行

退職	6, 152
対人賠償責任保険	48
大数の法則	134
代替リスク移転	26
対物賠償責任保険	48
多角化	132, 178
単位価額	104
中央銀行	11
中央値	168
中心極限定理	135
直接損失	152
直線回帰分析	140
積立金	116
定額給付方式	44
天候デリバティブ	26, 103
投資信託	200
搭乗者傷害保険	44

索 引

投入価格……………………………… 9
トリガーイベント…………………127

な 行

内部リスク縮小 …………… 22, 28, 132

は 行

賠償責任損失エクスポージャ………155
賠償責任損失リスク …………… 7, 47
パラメータ不確実性…………………58
パラメータベース…………………101
バリュー・アット・リスク………173
ヒストグラム………………………167
被保険者……………………………36
費用…………………………………143
標準偏差……………………………169
頻度……………………………30, 182
ファイナイトリスク………………120
プーリングアレンジメント…………37
不可抗力条項………………………127
付加保険料……………………52, 188
プットオプション……………………90
プリンシパル………………………205
プレミアム…………………………105
分散…………………………………169
分散投資……………………………178
ペイオフ……………………………88
ベーシスリスク……………………102
ヘッジ……………………………25, 83
便益…………………………………143
偏差…………………………………170
変動為替相場制………………………10
変動性…………………………5, 169
ポートフォリオ………………………28

ポートフォリオ管理…………132, 135
保険………………… 20, 24, 35, 51, 67
保険価額……………………………46
保険加入者…………………………36
保険可能性…………………………56
保険期間……………………………36
保険金………………………………36
保険金額……………………………44
保険契約者…………………………36
保険契約者保護機構………………70
保険契約者保護制度 ……… 15, 70, 161
保険事故……………………………36
保険者………………………………36
保険証券……………………………15
保険の目的…………………………36
保険料………………………………36
保険料率……………………………69
保険料率規制………………………69
補償の合意……………………27, 108

ま 行

満期…………………………………84
無保険車傷害保険……………………44
免責の合意……………………27, 108
モニタリング…………………56, 205
モラルハザード………… 61, 78, 189

や 行

融資枠契約…………………………125
預金保険制度……………………14, 161
予想最大損失………………………173

ら 行

リコール……………………………156

索　引

リスク ……………………………… 4
リスク移転 ………………………… 23
リスクエクスポージャ …………… 150
リスク回避性 ……………………… 55
リスクコスト ……………………… 201
リスクコントロール ……… 22, 29, 141
リスクコントロール・サービス ‥ 79, 208
リスク細分化 ……………………… 74
リスク指標 ………………………… 74
リスクファイナンス …………… 22, 23
リスクプレミアム …………… 189, 202

リスクプロファイル ……………… 37
リスク分散 ……………… 22, 28, 132
リスク保有 …………………… 27, 115
リスクマップ ……………………… 182
リスクマネジメント ……………… 22
リターン ……………………… 4, 166
レンタキャプティブ ……………… 118
労働者災害補償保険 ……………… 40

わ　行

歪度 ………………………………… 168

《著者紹介》
諏澤　吉彦（すざわ　よしひこ）

京都産業大学経営学部教授。経営学部において「保険論」「リスクファイナンス」「経済学」などを，大学院マネジメント研究科において「保険論特論」などを担当。
1988年横浜市立大学文理学部卒業。2000年St. John's University経営学部修士課程・理学修士課程修了。2005年一橋大学大学院商学研究科博士後期課程修了，2006年博士（商学）。
1988～2007年損害保険料率算出機構勤務。2007年～京都産業大学経営学部専任講師，准教授を経て現職。日本保険学会評議員（2016年～），生活経済学会理事（2017年～），Asia-Pacific Risk & Insurance Association 理事（2012～2014年，2017年～）。

【主著】
『はじめて学ぶリスクと保険』（共著）有斐閣，2004年（第4版 2014年）。『損害保険とリスクマネジメント』（共著）財団法人損害保険事業総合研究所，2009年（改訂版2018年）。『S・E・ハリントン& G・R・ニーハウス　保険とリスクマネジメント』（共訳）東洋経済新報社，2005年。「保険業規制の国際協調のあり方に関する考察―保険のリスク移転と金融仲介機能に焦点をあてて―」『保険学雑誌』第629号，2015年。"Principles for Sustainable Insurance: Risk Management and Value,"（共著）*Risk Management and Insurance Review*, Vol.17, No.2, 2014　他。

リスクファイナンス入門

2018年10月1日　第1版第1刷発行	
2023年4月5日　第1版第3刷発行	

著　者　諏　澤　吉　彦
発行者　山　本　継
発行所　㈱中央経済社
発売元　㈱中央経済グループ
　　　　パブリッシング

〒101-0051　東京都千代田区神田神保町1-31-2
電話　03（3293）3371（編集代表）
　　　03（3293）3381（営業代表）
https://www.chuokeizai.co.jp
製版／三英グラフィック・アーツ㈱
印刷／三　英　印　刷㈱
製本／㈲　井　上　製　本　所

©2018
Printed in Japan

＊頁の「欠落」や「順序違い」などがありましたらお取り替えいたしますので発売元までご送付ください。（送料小社負担）

ISBN978-4-502-27741-2　C3034

JCOPY〈出版者著作権管理機構委託出版物〉本書を無断で複写複製（コピー）することは，著作権法上の例外を除き，禁じられています。本書をコピーされる場合は事前に出版者著作権管理機構（JCOPY）の許諾を受けてください。
JCOPY〈https://www.jcopy.or.jp　eメール：info@jcopy.or.jp〉

好評発売中

入門
企業と社会

人間が1人で生きられないのと同様に,企業も単独では存続できないという当然の事実からスタートして,最終的に「社会における企業」という視点の重要性が学べるテキスト。

佐々木利廣・大室悦賀〔編著〕
A5判・252頁
ISBN:978-4-502-16111-7

◆本書の主な内容◆

第1章 企業と社会の見方	第8章 企業と地域・NPO
第2章 経営スタイルの変遷	第9章 企業と行政
第3章 コーポレート・ガバナンス	第10章 企業社会の「つながり」と社会的課題のガバナンス
第4章 企業と従業員	第11章 ソーシャル・ビジネス
第5章 企業と消費者	第12章 ソーシャル・マーケティング
第6章 株主・金融機関	第13章 新しい企業社会
第7章 企業とサプライヤー	

中央経済社